BÁRBARA LOBO

CONVERSE COM SEUS GUIAS ESPIRITUAIS

Editoração eletrônica: Bárbara Lobo
Imagem da Capa/Capa: Canva/Bárbara Lobo
Correção/ Revisão: Izabel Monteiro

Converse com seus Guias Espirituais
LOBO, Bárbara

1ª Edição
Março de 2019
ISBN: 978-65-900039-0-4

L799c Lobo, Bárbara.

   Converse com seus Guias Espirituais/Bárbara Lobo.

   Rio de Janeiro: edição do autor, 2019.

   149p.; 14x21cm

   Inclui bibliografia e índice.

   ISBN: 978-65-900039-0-4

   1.Desenvolvimento Espiritual. 2.Espiritismo. 3.Guias

   Espirituais. 4.Mediunidade. I.Título.

                                          CDD 133
                                          CDU 133.9

Dedico este livro à minha família espiritual e carnal pois sem esse amor nada seria possível.

"Crede em tal coisa, porque nós vo-lo dizemos."

Allan Kardec

ÍNDICE

AGRADECIMENTOS

A Deus, pela minha vida.

À Espiritualidade, aos meus Guias Espirituais, pela manutenção da minha fé.

Aos meus filhos, Luíza e Gabriel, razão de tudo, por todo amor sempre.

Ao meu esposo, Alberto Lobo, por tanta dedicação, companheirismo, cumplicidade, compreensão e força e ainda pela colaboração nas discussões sobre a temática apresentada, fazendo-me repensar, reler e recriar muitas vezes os extensos textos de forma mais compreensível.

À minha mãe, Izabel Monteiro, por tudo e em especial neste livro por colaborar na revisão e correção da ortografia.

Ao Clenir Martins pelos ensinamentos acerca da Doutrina Espírita.

A todos que, diretamente ou indiretamente, me inspiraram através da arte dos encontros para a confecção deste livro.

PREFÁCIO

Converse com Seus Guias Espirituais é um livro que incita sobre a existência de Espíritos superiores como grandes auxiliadores do desenvolvimento humano, denominados aqui como Guias Espirituais. Durante a leitura deste livro é possível fazer uma reflexão sobre Deus, o Universo, a existência de milagres e a cura espiritual como alimentos da fé e do amor.

Segundo meus relatos, minha vida se transforma quando conheço o "Senhor de Cabelos Grisalhos", meu orientador espiritual encarnado. Este encontro fala sobre humildade, caridade, cura e tratamento espiritual como insígnias essenciais ao desenvolvimento mediúnico.

Alimente-se dos encantos desta história que retrata a comunicação espiritual como elo fundamental de desenvolvimento espiritual, físico e intelecto-moral e aprenda a buscar os liames entre seu Guia Espiritual e sua vida.

Bárbara Lobo

1

INTRODUÇÃO

CARO LEITOR, *"CONVERSE COM SEUS Guias Espirituais"* é um livro para quem acredita no "outro lado da vida"; foi desenvolvido com o propósito de despertar o sentido absoluto do ser humano para um novo olhar sobre sua trajetória material e espiritual. Enquanto indivíduo habitante de um corpo físico que crê na imortalidade da alma através do espírito, pretendo fazê-lo compreender como você pode buscar progresso espiritual na companhia de Espíritos do Além-Véu como aliados neste desenvolvimento, os quais denomino aqui de Guias Espirituais.

O despertar da vida é um grande desafio. E é ao mesmo tempo a maior oportunidade dada pelo Criador para que possamos contribuir com a humanidade por meio de projetos que elevem a nossa capacidade de melhorar a cada novo amanhecer dourado. Neste caminho que você, caro leitor, vai construir para sua própria organização e desenvolvimento humano, levando em consideração expectativas, sonhos, frustrações e realizações, convido-o a compreender sua trajetória a partir da colaboração do seu Guia Espiritual durante todos os instantes de sua existência. O fato é que embora você tenha convicção de que buscar a realização de seus objetivos depende de você, há no meio deste processo, muitas vezes, batalhas que você vai precisar travar para alcançá-los. Assim, seus caminhos de vida podem ser construídos de forma a (re)conduzir sua trajetória com uma ajuda mais que especial: seu Guia Espiritual atuando a todo o momento ao seu lado!

Destarte, gostaria de propor a discussão que implica como você pode acessar seu Guia Espiritual, de forma a reconhecer que ele demanda várias maneiras de comunicação para que você o "escute" e faça a coisa certa em prol de sua evolução intelecto-moral e espiritual. Ainda, neste contexto, deixo em evidência que seu livre-arbítrio é o senhor da razão, algumas vezes, levando-o a caminhos que podem trazer dor e sofrimento, mas que servem como aprendizado e crescimento individual.

Há momentos na vida que passamos por fases difíceis e que parece que estamos "carregando mais peso nas costas" do que gostaríamos de levar. Isto é um fato que deve ser analisado por você a fim de compreender que as

9

mazelas constitutivas de sua trajetória nada mais são que atalhos desviados do seu próprio caminho, na maioria das vezes, fruto das suas más escolhas durante a vida. Pelo exposto, sabe-se que você é o autor de sua própria história, entretanto, é factível delinear um algoz para suas frustrações ao invés de assumir a culpabilidade pelos erros cometidos. Neste instante de sua vida, onde tudo parece complicado, saiba que seu Guia Espiritual procurou ajudá-lo de diversas formas sem sucesso.

O pensamento é o lugar do espírito, e este utiliza-o como fonte do mecanismo neural em conexão ao corpo físico, propondo que o indivíduo possa buscar processos relacionais mais construtivos como base para uma vida mais equilibrada e com vistas a progressos importantes para sua evolução. A intuição é como uma porta que se abre para dentro dotada de um olhar perceptivo para fatos em ocorrência, objetivando a razão neste ambiente intrínseco ao ser. Destarte, para *Kardec* em *"O Livro dos Médiuns"* (2006): *"A causa primária da intuição é que o Espírito comunique pelo pensamento."* Cabe a cada um buscar desenvolver a percepção seletiva dos pensamentos, dando sempre vazão à escolha por bons no lugar dos demais. Esta mesma escolha acarreta em vibrações positivas ou negativas ao seu redor.

Os encontros são essenciais na vida! Por missão, ou prova e expiação, a vida vai nos conduzindo a lugares e caminhos onde pessoas ou espíritos possam servir como elo, para o bem ou para o mal, dotando-nos de forças contrárias a nossa escolha ou energias vibratórias importantes para o nosso bem-estar físico, moral ou espiritual. Há os que nos trazem grandes ensinamentos apenas pelo simples fato de existir e ao nos depararmos com eles podemos perceber uma grande contribuição em nossa trajetória. Por outro lado, existem também alguns encontros que nos causam desarmonia e acabam por atrapalhar nossas buscas em dado momento oportuno. Assim, meu caro, como um grande encontro entre os dois mundos o seu Guia Espiritual está aposto ao seu dispor, basta "sentí-lo".

Deus e o Universo são contextos importantes para que você compreenda seu lugar no mundo, desde o princípio inteligente até as constitutivas formas de evolução que acarretam aos seres um grande aprendizado durante toda a vida, ora corpo, ora espírito, seguindo diversos caminhos no tempo-espaço infinito. Assim, não obstante ao ser, buscar um perfeito alinhamento entre a fé e a razão constitui insígnia que determina uma trajetória com base no amor, na caridade e no perdão.

Destarte, caro leitor, como seus Guias Espirituais podem ajudá-lo? Quais caminhos seguir quando você determina a escolha de vida em companhia de seus Guias Espirituais? Sua vida é sua história construída por você; então, meu caro, enquanto autor de sua obra, seja um ser ativo na sociedade a qual encontra-se inserido. Use suas virtudes para o bem da humanidade, reconheça seus vícios e construa uma base sólida pautada no amor e na fraternidade como um enfrentamento às pedras lançadas ao seu dispor, utilizando-as como base para seu castelo solidificar-se e evoluir-se. Seja forte e corajoso para reconhecer suas falhas e evoluir a partir dos desequilíbrios constantes que o fizeram sofrer e, algumas vezes, pensar até mesmo em desistir; e por fim, use como amuleto da sorte sua fé, pura e irrestrita.

E por falar em Deus, fé e amor, desejo levá-lo a desenvolver um canal de equilíbrio pautado nessas fontes ilimitadas de força e energia buscando a ligação do corpo físico ao espírito como sinergia constitutiva da vida e seu desenvolvimento. O elo vibratório que emana energia ao seu lado espiritual pode ser acessado através da oração, da prece e da meditação. Reconheça internamente quais caminhos o levam a subsidiar sua essência por meio da prece, fortalecedora da alma e do espírito. Em consonância ao processo intrínseco elaborado pela fé através da meditação e da prece, canalize suas energias constantemente ao Criador com um sentido absoluto de gratidão. Compreender a gratidão como um princípio regenerador, sendo a fé e o amor as bases de seu pensamento, a vida torna-se mais significativa. Assim, usar de indulgência e gratidão para com terceiros designa um novo significado de existência. Ou seja, é reconhecer em Deus o princípio e a causa de todas as coisas

Meu caro, ainda podemos aqui questionar a fé religiosa como um contraponto à fé racional. Em contextos indiferentes ao que se constitui como fé, sabe-se que as instituições religiosas possuem um caminho condutor ao encontro com a fé. Esta mesma fé que pode também levar o indivíduo a reconhecer a existência de milagres como artifícios do maravilhoso e dotados de causas não naturais.

Desta forma, caro leitor, gostaria que seu coração fosse preenchido com as experiências compartilhadas neste livro relativas ao bom relacionamento construído com meus Guias Espirituais; levando-o a compreender que o amor é o maior incentivador da transformação que se deseja obter durante a caminhada terrena. Quero que você perceba quais mecanismos podem conduzí-lo ao encontro com seu Guia Espiritual. E a partir desta nova (re)descoberta, provocar uma mudança em sua forma de ver e agir com ênfase na melhoria enquanto indivíduo, buscando maior desenvolvimento moral e espiritual com a colaboração de seu protetor. Levá-lo a fortalecer sua fé e fomentar uma conversa diária consigo mesmo durante todos os demais dias de sua existência, tendo na prece e na meditação uma base construtiva determinante para esta finalidade. Ouvir seu coração, dando vazão aos seus pensamentos dotados de boas vibrações em consonância com sua intuição como fontes importantes para uma melhor qualidade de vida. Assim, descobrir um novo "eu em si mesmo" ou manter seu "eu sujeito de si mesmo" presentemente em sua vida, fortalecido pelo amor, caridade, gratidão e perdão. Vencer suas lutas travadas e constituir novos caminhos que o levem a um amanhecer feliz, jovial, dotado de Deus em seu coração, afinal, você não está sozinho nessa trajetória; seu Guia Espiritual acompanha-o e acredita que você é o único que pode construir sua história.

Assim, caro leitor, desejo que juntos construamos um mundo melhor, com respeito à individualidade dos seres e ao meio ambiente, com fé e amor a Deus, as pessoas e ao Universo; e que sejamos autores de nossa história orientados pelos nossos Guias

Espirituais. Que busquemos consciência de que o espírito, a alma e o corpo físico são constituintes inerentes ao nosso desenvolvimento; e que para o progresso ser determinante é necessária uma mudança urgente de padrões e comportamentos sociais, morais e afetivos, pautados nos estudos da Doutrina Espírita, nas preces e meditações, e principalmente na manutenção da fé e do amor resilientes.

Desta maneira, durante cada etapa pela qual nosso espírito passará, ora como alma encarnada em um corpo físico, ora como essência fluídica no Além-véu, teremos a confiança de que demos o melhor de nós em cada oportunidade concedida por Deus.

2

APRENDA A OUVIR SEUS SENTIDOS

COMO DESPERTAR O INTERESSE PELA ajuda espiritual na sua vida cotidiana? Seu coração, como um órgão vital que pulsa todas as emoções pode ser um importante instrumento físico capaz de sentir as vibrações extrassensoriais. Em síntese, muitos dirão que a espiritualidade é um canal que deve ser desenvolvido através dos sentidos, e que cada pessoa é um médium em potencial, sendo capaz de desenvolver sua mediunidade a partir de muitos estudos, comprometimento sensitivo, moral e afetivo. Sendo isto uma verdade sobretudo. Enfim, não quero desenvolver a ideia de uma espiritualidade conceitual, pois não me sinto no direito de discorrer sobre estas questões tão bem discutidas e apresentadas enquanto bases filosófica, espiritual e científica por *Allan Kardec* em suas obras doutrinárias, nem muito menos ter a pretensão de descrever a mediunidade fora da concepção espírita, de natureza organizada por conceituados Espíritos do Além-

Véu, pesquisadores, oradores e ortodoxos estudiosos do espiritismo. Há um contexto muito relevante que pretendo discorrer neste livro acerca da relação individual e absoluta com o mundo espiritual, cercado de curiosidades e abstraídos cientificamente pelos materialistas, sendo um contraponto com a física tradicional, porém, um paralelo com os estudos quânticos sobre o Universo, sua formação, sua origem atômica e outros fatores bioenergéticos que corroboram com o pensamento coletivo sobre a existência de espíritos. Como adentrar no mundo espiritual a partir de sua própria crença? Há um medo por trás de nossas indagações que na maioria das vezes nos afasta da nossa origem espiritual e nossa relação com este universo extrafísico da matéria. Como podemos contribuir com esta descoberta vai além de seus medos e sim de encontro com suas reais buscas sobre a existência de um mundo imaterial. Este, que atua todo o momento ao nosso dispor e que pode ser "tocado" por nós com o propósito de colaborar com o desenvolvimento da matéria e do espírito ao qual nosso corpo físico habita.

Quero considerar minha análise e observação como ponto de partida a minha própria experiência. Bem cedo, ainda criança, tive um contato com o espiritismo através de minha mãe que naquele momento frequentava um Centro Espírita e me levava a algumas reuniões excepcionais. Naquela época eu não pude perceber o que representaria para minha vida mais tarde este contato com o mundo espiritual, ao qual respeito e admiro. Mas não foi sempre assim...

Ocorre que em todos os instantes de nossa vida encarnada temos sentido a presença dos espíritos ao nosso redor e sequer damos a devida importância para este fato. Sabemos que o "impossível" acontece no nosso contexto, pensamos acerca desta questão quando vemos as coisas maravilhosas que o nosso amigo, irmão, vizinho ou qualquer outra pessoa vivencia, por meio de suas conquistas, mas jamais paramos sequer um minuto para analisar quais fatores os levaram a tais realizações. Isto de certa forma não nos importa e nem é o foco central de nossa proposta aqui. Quero levá-lo a refletir sobre quais caminhos percorrer e de que forma a fé o impulsiona a buscar os limites de seus desejos.

A vida é um importante "elo" com a força suprema que materializa nossas perspectivas a todos os instantes de nossa existência. Então, paremos aqui para observar como percebemos os avisos que nossos Guias nos denotam a todo instante em nossa vida. De repente, um telefonema que toca com o seu tão sonhado emprego! A cura excepcional de uma doença oportunista! Deus age a todo momento em nossa existência. Isto é fé!

Retornando a minha infância, uma criança de classe média baixa, filha de pais separados. Fui criada pela minha mãe, hoje uma escritora e jornalista que tenho o orgulho de a ter escolhido para caminharmos lado a lado nesta vida; naquela época uma professora primária, mantenedora da sua família e sob sua tutela duas filhas. Minha mãe sempre foi minha base e continua sendo ainda hoje, mesmo depois de adulta e mãe de dois filhos também (um casal).

Recordo-me de questionar a minha mãe sobre sua permanência no espiritismo, já com 14 anos de idade e uma vida difícil. Éramos felizes! Mas eu sempre quis mais...

Temos que parar para refletir e dar vazão aos nossos sentidos. A intuição é uma excelente capacidade perceptiva de canalizarmos nossas experiências a algo que realmente faça um sentido produtivo em nossa vida. Qual a sua capacidade de perceber quando coisas ruins podem acontecer ao seu ambiente próximo? Sabe aquela notícia ruim no ambiente de trabalho? Ou ainda uma percepção adversa da pessoa que acaba de chegar e que você mal conhece, mas já não gosta dela, inclusive sente-se mal após

19

deixá-la? Sim! Isto e outros diversos exemplos que posso citar referem-se ao seu "eu interior" despertando uma sensibilidade aguçada para algo que não vai deixar você bem. Devemos dar uma voz mais ativa as nossas percepções. Grande parte das vezes quando isto ocorre com você, foi direcionado pelo seu Guia Espiritual; a força que determina o que devemos fazer no momento exato das escolhas mais sensatas e determinantes que levam as mudanças em nosso rumo a seguir.

Então, aos 16 anos fui convidada a participar de uma reunião de estudo sistematizado sobre "O Evangelho Segundo O Espiritismo". Eu fui! Preciso falar a verdade aqui. Fui sim, mas, sem qualquer propósito além. Simplesmente fui porque gostava das pessoas que me convidaram. E naquela época não era descrente do mundo espiritual, mas *"minha fé me abalaria muitas vezes no decorrer da minha vida, no final, a espiritualidade estava sempre lá. Mais à frente relato grandes acontecimentos que ocorreram com a ajuda espiritual"*. Me mantive frequente nesta casa como visitante e a senhora Presidente da Casa e das reuniões espíritas, não sei por qual motivo, talvez por sua intuição, me colocava sempre nas mesas de desobsessão e nos quartos de passe fluídico para tratamento e cura. Me sentia aliviada naquele local. Hoje tenho a plena convicção da importância deste início em minha vida espiritual, sei o quanto a Doutrina Espírita me condicionou em minhas escolhas de vida. Mas o caminho nunca foi fácil...

Apesar das incertezas do caminho, a vida é uma excelente oportunidade de aprendizado em todos os sentidos. E se parar e refletir sobre suas escolhas vai chegar à conclusão de que em algum momento não raro, seu caminho foi mudado de sentido sem ao menos você ter feito esta escolha. E, sobretudo, por questões atípicas à fé ou a qualquer escolha religiosa, neste momento você acredita no acaso, na sorte, ou até mesmo no destino. É prático delinear nossas escolhas ao destino, porque este mesmo sentimento de que algo está indo pelo caminho certo, também é o desejo de seu Guia Espiritual para sua vida. Ainda que haja algum tropeço seu em discordância com o que deveria ser mais efetivo, ou melhor redefinido em sua trajetória, sempre há uma chama acesa para reconduzir seu processo de desenvolvimento e missão espiritual nesta vida encarnada. De certo que queremos deixar sua avaliação livre para reconduzir seu pensamento às causas restritas ao "acaso" em algum tempo remoto.

Como tudo em nossa vida é um constante aprendizado, entre erros e acertos, eu também fiz escolhas erradas. Em parte da minha inicial fase adulta me deixei levar pelas minhas paixões, segui meu coração indistintamente e, de certo, fracassei. Rios de lágrimas se fizeram presentes em minha tenra face algumas doloridas vezes. O fato é que quando você se distancia de seu projeto de vida, talvez a missão escolhida por você antes de retornar ao seio terrestre, seguindo ao ego e ouvindo somente a voz do egoísmo, sua história pode tomar caminhos opostos ao que deveria ter sido. Isto me levou a desistir de meus estudos espíritas, me afastou do meu bem-estar que eu havia iniciado sentir tão jovem ainda, aos 16 anos de idade.

Quero deixar registrada minha intuição como um sentido muito presente por toda a minha vida. Mesmo quando eu não sabia decidir sobre quais caminhos tomar, em que bases filosóficas ou religiosas eu me sentiria confortável, a minha percepção estava lá, extremamente aguçada e dona de si, muito mais que eu de mim mesma. E eu a escutava! Eu tenho uma relação submissa aos meus sentidos perceptivos, me dá uma espécie de medo quando meu pensamento absortamente levanta qualquer hipótese em minha direção. Paro e reflito bastante sobre os avisos que meu corpo através do meu espírito me denota comunicar.

Como você lida com um pensamento "contrário" sobre uma opinião sua distinta de parte do grupo ao qual você participa? Já parou para exercitar algumas perguntas para si mesmo se deve ou não seguir a opinião de outrem? Certamente você já passou por alguma situação em que você foi tocado por uma voz interior, por meio de seus pensamentos, refletindo inclusive em sensações de medo ou aversão e seguiu adiante sem ouvir sua intuição "latente" sobre seu corpo físico somente porque alguém disse o que você deveria fazer. Neste exato instante você se depara com seu Guia Espiritual querendo dizer a você para ouvir sua intuição. Muitas das vezes seu Guia Espiritual se comunica através de dimensões metafísicas, fazendo com que seu eu interior seja um mecanismo confiante a si mesmo pelo seu pensamento e você siga no caminho mais propício para seu desenvolvimento.

Vamos seguir adiante com informações próximas às suas buscas constantes sobre o que fazer para ouvir seu Guia Espiritual e como delimitar suas escolhas baseadas em um melhor direcionamento, não excetuando seu livre arbítrio, o que não é condição restrita ao seu desenvolvimento espiritual.

Conforme *Kardec* (2006), em *O Livro dos Espíritos*: *"O pressentimento...é o conselho íntimo e oculto de um Espírito que vos quer bem."*

3

EXISTEM OBSTÁCULOS
QUE PRECISAMOS VENCER

MINHA VIDA PROFISSIONAL E acadêmica sempre foram meu alicerce. Principalmente após os sonhos frustrados de uma menina que acreditava em príncipe encantado. Este que somente existe nos contos de fadas tradicionais. Vida real é outra coisa! Penso que quando você já traz em sua bagagem uma vida familiar diferente do que a sociedade preconizava naquela época, você tenta encontrar um mundo melhor que sua então realidade, mas, ao mesmo tempo, possui uma força interior que a impulsiona a construir seu próprio castelo sem a figura de um príncipe.

Assim, aos 26 anos eu tinha minha vida financeira difícil, porém estável, pagando as contas do dia a dia, e como minha mãe, tendo duas crianças sob minha tutela. Ironia do destino? Ou será que eu havia deixado de ouvir meu Guia Espiritual em algum momento outrora? De fato, eu já não me sentia tão intuitiva assim. Os caminhos pelos quais segui me afastaram de minhas influências espirituais. Não que eles não cuidassem mais de mim, mas, era chegada a hora de eu crescer com minhas próprias "questões", frutos das minhas escolhas.

Caro leitor, as dores alheias servem de observações distantes a nossa história, mas, de certo que, nos solidarizamos com o sofrimento de terceiros porque no fundo de nosso âmago também resistimos muitas vezes às frustrações e somos levados à tristeza e à melancolia em dado momento de nossa trajetória. Sequer paramos para refletir: Se tivéssemos ouvido nossa voz interior, tudo seria diferente? Cada um de nós já viveu uma triste escolha e sofreu as consequências por ela. Isto necessariamente não nos orienta a um novo caminho. Porém, se olharmos para trás, veremos que nossa percepção foi muito mais aguçada em determinados momentos que nossos acertos! Isto é relevante, mas não o suficiente para compreendermos onde encontrar nosso Guia Espiritual e retornar nossa existência sabendo ouví-lo antes de tomarmos qualquer decisão que demonstre que estamos seguros.

Há dias que parece que estamos carregando o mundo nas costas! De fato, estamos carregando aquilo que desejamos levar. O peso que você leva junto com seu caminhar nada mais é que o reflexo de seus pensamentos e suas ilusões acerca de seus sonhos não embasados pelo amor e pela fé, estes determinam o que gostaríamos de carregar. É certo que, quando tudo parece complicado de ser resolvido, clarificar o futuro desejado requer mais força de vontade e determinação embalados pela fé e pelo amor. Embora estejamos convictos de levá-lo ao encontro de seu Guia Espiritual incitado pela sua força magnética e energia vital, não nos cabe administrar sua fé; a energia depositada por você para que seu desejo se torne possível, nada mais é que o conjunto de fatores que determinam e impulsionam sua própria vontade em atingir suas metas. Esta vontade inerente à sua energia é o que vai levá-lo ao encontro de seus desejos. Assim, cada nova pedra aparentemente pesada em seu caminho é uma força necessária ao seu aprimoramento espiritual.

O amor é o elemento essencial para a descoberta de nossos reais objetivos de vida. Em caminhos tão difíceis a ideia de seguir sozinho parece ofuscar nossa visão quanto à nossa proteção espiritual. Muito mais pelo egoísmo é que não conseguimos perceber que tudo que estamos vivenciando, seja de bom ou de ruim, foi elaborado por nossa própria vontade, fruto do nosso pensamento ou da nossa ação direta durante nossa caminhada.

27

Busque determinar sua vida baseando seu pensamento no que pode ser orientado para resultados satisfatórios e que, de certa forma, sua força espiritual seja calcada de energias que designam sua estrada a seguir. Creia nas energias que podem contribuir com você. Vença os obstáculos de forma íntegra e valorizando seu potencial como indivíduo que procura acertar. Jamais subestime sua capacidade de seguir em direção aos seus sonhos embalados pela força superior que vem de Deus. Os caminhos são obscuros e quando estamos em meio à profusão de fatores que nos puxam para baixo, mais difícil será o processo de reorganização bioenergética que cada um de nós possui como aliado da força magnética do Cosmos. Não subestime sua capacidade de autoconfiar em suas energias e buscar realinhar sua força com a superação necessária ao caminho que precisa enfrentar. Seu Guia Espiritual estará impulsionando sua energia para o acúmulo de forças capazes de abstrair o medo e enfrentar com coragem cada obstáculo a seguir.

Quando me senti tão fraca dentre as minhas próprias forças busquei uma reflexão que me levou ao encontro de um Espírito que queria me mostrar que eu seria forte o suficiente se ouvisse meu interior gritando por socorro. Quem poderia me salvar das amarras pelas quais eu mesma havia me prendido?

Tendemos a determinar um culpado pelas nossas frustrações e demonstramos toda nossa fúria em colocar uma alegoria definitiva neste suposto algoz. Pergunto a você, meu caro, quem pode carregar o peso da nossa própria ignorância que não sejamos nós mesmos? O óbvio é desenvolver uma culpabilidade alheia para diminuir o peso de nossa consciência, quando esta, recobrada de valores, nos indaga a responder sobre nossos erros. Não devemos infringir a lei natural que influi diretamente no ato de mostrar-nos o erro que nosso corpo cometeu, independentemente se houve a contribuição de fatores externos à nossa ação. Seu corpo vai responder sumariamente ao seu subjetivo questionamento intuitivo. Nesta hora, sua cobrança interior denota sua fraqueza em não sustentar cada erro cometido que vai de encontro aos seus valores morais. Outrossim, meu caro, você está subordinado ao tribunal da consciência individual, ou seja, "seu eu interior". Neste exato momento, seu Guia Espiritual desenvolveu muito trabalho coercitivo com seu próprio espírito a fim de fazer de você seu próprio inquisidor. Há ocasiões em que não temos mais forças para lutar contra nossos erros e isto implica num sentido desejo de mudança.

Se insistirmos no erro é porque estamos dispostos a pagar por ele consideravelmente. Então, o que poderá definir nosso desejo por mudança que seja determinante para novas direções é o subconsciente eletivo pedindo reorganização de nossas forças, subjugado por nossas fraquezas em dado instante oportuno. Da mesma maneira, seguindo no caminho obscuro que nos leva ao fracasso, nossa energia pode ser fortalecida pela extrema dor em nossa alma. Se essa dor demasiadamente grande não for infortúnio para o recobrar da nossa consciência, naturalmente continuaremos no caminho do erro até que nosso desejo latente por transformação toque nosso espírito de forma absorta, levando-nos a retomar nossa trajetória anterior. Simplesmente uma forma objetiva de agir não será capaz de subtrair nossos medos e fortalecer nosso caminho nos livrando das profundas armaduras da dor. Quando nosso espírito está acompanhado de energias ruins e isto nos permite atuar neste mesmo campo vibratório mantendo a dor e aniquilando nosso corpo são é porque estamos permitindo que nossa mente seja refém dos nossos próprios objetos de desejo.

Eu sei exatamente o que é sentir uma dor profunda na alma e buscar alívio imediato sem conseguir alavancar qualquer substantiva mudança satisfatória, trazendo intimamente ao meu subconsciente uma memória doentia e circundada de angústia e dor. Neste momento de aprisionamento da alma e do espírito em causa própria, você julga não ser capaz de mudar sua forma de agir, impulsionando seu desejo consciente para uma vida melhor. As dores resultam da falta de sintonia espiritual com suas próprias energias. Um sentimento de perda se instala em você não respondendo aos impulsos da fuga que seu espírito deseja realizar e seu corpo não se sente capaz. Aí você chora e se entrega ao desespero!

A dor pode ser um sentimento de perda devido à sua falta de posicionamento a qualquer circunstância que reprima seus valores morais e valorize suas paixões sem pesar a consequência de suas escolhas ruins. O Guia Espiritual está atento a todo instante para auxiliá-lo quando sua dor persistir e você solicitar sua ajuda. Ele está pronto para ajudar você!

4

REFLITA SOBRE SUA TRAJETÓRIA E MUDE
O CURSO DE SUA HISTÓRIA

KARDEC (2006), EM *O EVANGELHO Segundo O Espiritismo*: "Os médiuns atuais – pois que também os apóstolos tinham mediunidade – igualmente receberam de Deus um dom gratuito: o de serem intérpretes dos Espíritos, para instrução dos homens, para lhes mostrar o caminho do bem e conduzi-los à fé,..."

Enfim, sentada aos pés daquele Espírito incorporado a um médium que não me conhecia, muito menos as minhas dores e minha história, ouço-o tocar meu coração libertando-me das amarras de sofrimento e dor pelas quais eu insistia em me segurar até então. Confesso aqui, que naquele instante senti um alívio profundo na alma e um desejo latente de mudança em minha vida. Não seria uma escolha fácil a fazer, mas me senti forte e protegida o bastante para tomar as rédeas da minha trajetória e deixar tudo para trás e, por fim, reescrever uma nova história de vida.

Para elucidar o fato acima discorrerei melhor sobre este exato momento, afinal, me lembro perfeitamente o que me foi dito pelo Espírito em questão. Eu tinha 26 anos e fui à Casa Espírita para tomar um passe. O mesmo Centro Espírita que minha mãe frequentava quando eu era mais nova. Esta casa cresceu bastante neste tempo todo que se passou, eu jamais havia voltado nela, não conhecia mais as pessoas que a frequentavam, muito menos os mais de 1.000 médiuns que então participavam das sessões de caridade. Fiquei sentada aguardando minha vez para o passe. Me sentia muito triste naquele momento, muitas coisas tinham acontecido na minha vida e eu me encontrara em um estado profundo de descrença e desorientação. Não sabia qual caminho seguir, afinal, meus filhos ainda eram pequenos e eu teria que tomar uma decisão de seguir sozinha com eles, embora assim já me sentisse. Minha razão me dava a entender que este seria o melhor destino a trilhar, tinha o exemplo da minha mãe batalhadora como sempre; isto me fortalecia e ao mesmo tempo me deixava insegura porque eu queria que meus filhos tivessem outra história diferente da minha. Então, cada dia que se passava eu me mantinha firme nos meus trabalhos como professora e coordenadora de projetos, e atolada de responsabilidades com meus estudos de Mestrado, minha pesquisa e Dissertação por concluir... Tudo isto me alimentava bastante! Minha cabeça estava sempre preenchida de novas ideias, entretanto, meu coração sangrava frio frente às situações ora vividas. Quando menos percebi, estava sentada aos prantos à frente daquele médium. Após um longo passe eu escuto uma voz baixinho ao meu ouvido dizendo-me:

"- *Minha filha, se você acha que já fez tudo que podia, siga seu caminho de acordo com seu coração.*"

Saí sorridente do passe, aliviada e decidida a trilhar uma nova vida. Mas, também fiz escolhas erradas...

A vida sempre me sorriu com um bom dia! Quero dizer, mesmo quando tudo estava difícil, algo bom acontecia e trazia as respostas que eu precisava ter. Ainda que tenhamos um caminho novo, sabemos que todo recomeço requer uma atenção redobrada aos nossos instintos. E, de certa forma, não nos sentimos prontos nunca! Você quer tomar uma nova direção na sua vida? Acredita estar certo de seguir adiante? Entretanto, meu caro leitor, para uma nova vida uma nova postura tem que ser levada em consideração. Você se sente capaz de mudar de vida deixando sua própria essência para trás? Pois, um novo caminho requer uma profunda transformação.

O maior desafio no sentido da mudança é compreender que é necessário rever seus conceitos e ser capaz de reconhecer seus erros, independentemente de qualquer fator externo. O erro é seu! Você precisa mudar a partir de você mesmo. Não basta querer uma nova constituição de vida se você não é capaz de reconhecer internamente a necessidade de mudar. O seu interior é um caminho subjetivo para o mundo, este não o conhece tão bem quanto você mesmo. Então, nesta perspectiva fica mais confortável produzir mudanças que o levarão a um novo recomeço. Assumir nossos erros, nossas vicissitudes, também pode nos levar a melhorar a nossa relação com o mundo ao nosso redor. Estamos cheios de vícios e carregamos um egoísmo que não nos permite crescer.

Neste momento em que você identifica uma porta aberta para seu interior, automaticamente há um processo de religação com seu lado espiritual, fruto de sua essência primeira, buscando novas adaptações e um novo modo de ver e viver a vida. O que seu Guia Espiritual pode fazer para que você realmente acesse seu lado aberto às transformações levando-o a uma nova postura frente aos problemas, à vida e ao seu processo de melhoria contínua?

Tudo! Ele pode ser sua voz interrogativa que vai perguntar-lhe qual melhor forma de enfrentar os problemas e sair transformado e mais forte a partir deste lado consciente, usando a intuição e o sentimento de mudança interior que você carrega como um amuleto da sorte. Nesta forma de perceber os obstáculos e recorrer aos seus instintos como impulsos inconscientes capazes de vencer seu próprio ego e obedecer ao seu novo eu, você cresce. O seu "eu" quer crescer e fazer tudo diferente.

A maneira de assumir minhas responsabilidades e escutar meus instintos é observar ao meu redor todos os acontecimentos que estou vivenciando e pedir orientação espiritual para vencer os obstáculos. Isto me ajuda a conduzir minha jornada de forma mais segura e com respostas às minhas questões de vida. De certo que não estamos fazendo do nosso Guia Espiritual um "oráculo diário" para nossa rotina banal. Até porque, se você busca ter a oportunidade de conhecer seu próprio limite de aceitar as perdas, você já está sendo sensato em idealizar uma seleta maneira de pedir orientação para suas necessidades interdependentes, com um quê de hierarquia que seu pensamento deseja obter, e tendo como objetivo maior sua transformação como indivíduo neste mundo. Assim, fica mais equilibrado. E o que se faz premente para obter esta ajuda "dos céus" é sua capacidade de autoevolução.

A reflexão se coloca como autoavaliação e a aceitação de que somos imperfeitos e que os erros que cometemos outrora deverão ser fatores de renovação pessoal, identificando em nossas fraquezas quais são as maiores causas relevantes que nos incitam a cometermos novamente os erros passados e quais são os motivos que nos levaram a cometê-los sucessivamente. Assim, faz-se internamente uma catarse que será o melhor processo de purificação de nossos medos que nos levaram constantemente à sucessão de erros retrógrados.

A grande moeda da sorte que você tanto espera encontrar está guardada dentro de você. Não há um roteiro de vida no qual você encontre todas as fórmulas descritas de maneira simples para levá-lo ao sucesso. O sucesso é o seu cotidiano construído sob a perspectiva de recorrer a caminhos novos todos os dias, na certeza de encontrar além dos obstáculos, um sentido latente de perseverança capaz de reorientá-lo a novos horizontes quando necessário for. Como seu desejo constante é viver uma vida plena e feliz, assim o é para mim, para "João", para "Maria", e para todos os indivíduos que vivem sob a égide deste Planeta. Não nos façamos de vítimas em causa própria e não queiramos ser os algozes da vida alheia. Há um constante equilíbrio que podemos buscar definindo nossas escolhas e compreendendo o momento exato de transformação do meu eu individual como contribuinte de uma vida em sociedade mais harmônica. Neste constituinte, estamos querendo que você compreenda que a melhor maneira de mudar o curso de sua trajetória é sendo você mesmo a cada instante baseado nas mudanças necessárias que deverão ser tomadas por você, autor de sua história. Você espera que agindo desta maneira seu Guia Espiritual será realmente um colaborador de sua transformação? Sim e Não. Se desejamos crescer de forma construtiva identificando nosso processo de melhoria e atuando efetivamente sobre ele. Se reconhecemos nossos erros e reorganizamos nossas ações com vistas a melhorar nosso sentido latente de vitimização ou culpabilidade eletiva, discorrendo sobre nossas responsabilidades as reais motivações que nos impuseram sofrimento e dor. Todavia, se observamos a retrógrada maneira de agir, se nada fazemos para ampliar nosso canal vibratório e motivar a mudança, se deixamos que nosso ego se transforme em nosso defensor a cada erro, de certo que não será tão simples a colaboração desejada.

38

Minha vida foi seguindo como se a cada instante eu tivesse que mudar novamente minha direção, minhas escolhas, minha própria história.

Às vezes, trilhamos por caminhos tortuosos para retomar o curso de nossa trajetória, deixando que o tempo flua com a potência da nossa vivacidade amadurecida por pensamentos, sonhos e dor. Não bastasse reconhecer nossos erros como uma possibilidade de reencontro com nosso elo perdido – a intuição –, nos deparamos ainda com velhos sentidos para se seguir adiante, portanto, deixar para trás também nosso jeito seguro de seguir adiante é, sobretudo, uma questão de sobrevivência. Mas, no raiar da dor desfeita, difícil se faz esta leitura consciente em prol da nossa evolução.

Agora, já amadurecida a todo custo, a vida me prega uma peça! Então, aos 32 anos encontro-me novamente perdida! Fico sem emprego, do dia para a noite, e não me vem nada à memória que não seja buscar minhas origens religiosas, meus artigos de fé, e procurar um caminho. O fato é que eu tive alguns chamados e não me senti "ligada" o suficiente para atendê-los. Erro meu...

Era dia das crianças e a cidade em que eu residia estava em festa! Uma amiga me convidou para ir a um Centro Espírita que estaria celebrando este tema festivo àquela noite. Eu me senti confortável com o convite e fui. Novamente, com meu coração dilacerado, sem saber como eu acordaria no dia seguinte sorridente para meus filhos; fui a esta Casa muito mais para não ficar pensando o que fazer da vida, do que para comemorar o dia das crianças. Quanto egoísmo meu! No caminho em direção ao local de caridade, eu fiz uma brincadeira com minha amiga, que me recordo bem. Eu disse a seguinte frase, sorrindo:

"- *Eu vou, mas se eu sentir qualquer vibração espiritual, eu frequento àquela Casa.*"

Quero dizer para você que quando você não responde aos chamados do seu Guia Espiritual ele dá um jeito de fazer com que você o encontre, ainda que se passe toda uma existência, ele estará lá para encontrar você. Isto acontece, principalmente, nos momentos em que você se acha em estado latente de desilusão, sofrimento e dor. Isto não quer dizer que você não tenha fé, simplesmente você precisa de um toque profundo em seu coração. Ele vai ao seu encontro! E é chegada a hora da mudança.

Hoje foi o meu primeiro contato como médium através de uma manifestação mediúnica. De certo que aos 16 anos, quando eu participava doando energia nos quartos de cura, eu estava atuando com minha mediunidade, mas, eu não entendia muito bem naquela época. Nas mesas de desobsessão eu atuava diretamente com minha clarividência, colaborando com a sessão. Eu era muito jovem, sequer imaginava que pudesse colaborar com a espiritualidade. Eu fazia por amor, mas, sem questionar sobre minha função ou responsabilidade durante as reuniões. E, de fato, isto nunca me importou! Eu estava lá porque me sentia bem... A única hora em que eu usava minha linguagem verbal era durante os estudos; de fato, não foi à toa minha escolha profissional como professora, afinal, possuo uma retórica peculiar desde criança!

Deste dia em diante, conforme eu mesma descrevi minha fala à minha amiga, me tornei uma humilde estudiosa do espiritismo, buscando atuar com minha mediunidade sempre quando necessário.

5

MILAGRES EXISTEM!

VOCÊ ACREDITA EM MILAGRES? QUAL O significado para você da palavra milagre? Onde você pode encontrar algo que seja relevante à sua vida, ocorrido sem qualquer esforço seu, que não seja movido pela fé e pela oração, consequente de causas não naturais?

Milagre pode ser considerado como um fato não constante das leis naturais e inexplicáveis aos fatores materiais circunscritos pela ciência na comprovação de suas hipóteses.

Faz-se mister compreender que o espiritismo, por sua vez, não preceitua os fenômenos espíritas como milagre pois são explicáveis pelas comprovações científicas, conforme *Kardec* (2006), quando postula que o espírito é o sobrevivente ao corpo, logo, não morre e, sendo assim, sua existência se configura tão naturalmente, como durante a encarnação. Ambos são complementares um do outro.

Portanto, o milagre é um fenômeno justamente produzido por Deus.

De acordo com *Engle* (2016), o verdadeiro milagre é a mudança que acontece em nossas mentes. Uma ocorrência natural de amor. Uma mudança na percepção das ideias.

É compreendido que algumas religiões se baseiam em milagres para sustentar suas doutrinas, dando crédito aos acontecimentos surpreendentes ora nunca antes ocorridos, portanto, fortalecendo a busca constante pela fé e pelo equilíbrio entre as orações e o desejo profundo de realização destes acontecimentos entre os fiéis. De certo que para que ocorra este milagre, não há uma ligação efetiva com o grau de pertencimento do sujeito objeto da busca, pois que o mesmo pode se encontrar longe das alçadas religiosas e o fenômeno maravilhoso ocorrer.

Nesse sentido, um milagre é extraordinário, no sentido etimológico do termo, realizado pela ação suprema de Deus, de acordo com sua vontade.

Quero deixá-lo livre com este capítulo sobre a ocorrência dos milagres para que você questione sua própria fé. Esta, substancial modelo de estímulo individual capaz de suportar suas crenças e abstrair suas decepções como parte de seu crescimento espiritual.

Minha experiência me propõe refletir sobre coisas maravilhosas que ocorreram em minha vida, frutos de minha fé e de minha constante busca a Deus. Creio em uma comunhão ativa com a supremacia absoluta que vem de Deus, em seus propósitos para nossa eterna caminhada, orientados por um canal de proteção. Penso nesta ligação com Deus todos os dias como singular maneira de conduzir a minha jornada.

6

FORTALEÇA SUA FÉ

A FÉ PODE SER UM ARTIGO MUITO importante quando a questão é discorrer sobre religião. De certa forma que não é necessário pertencer a qualquer grupo ou instituição religiosa para desenvolver mecanismos de fé. Há um singelo limiar entre a fé e a razão, pois que não se faculta prescrever um sentimento instintivo sem a prática noção concreta da razão. Esta, por sua vez, pertence ao estigma materialista que pressupõe existir qualquer linguagem real para estabelecer seu significado. Não obstante ao fato de percorrer por caminhos sinuosos, a fé é um instrumento delineado embasado pelo amor.

Podemos compreender a fé de forma inata, baseada nas reflexões que o indivíduo reconhece estimulada pelo espírito, tendo como componente principal a crença em algo não explicável. Assim, há uma tênue sensação de certeza absoluta na resolutividade do que se quer receber como projeto de sua intervenção sentimental, quer seja através da oração, quer seja por um desejo latente na alma que identifica a realização do fato desejado por convicção no irreal. A fé, desta maneira, é factível aos olhos de quem "vê" com o coração, enxergando com a alma o que se espera receber.

Em minhas convicções ao longo da minha vida sempre procurei compreender um desejo ardente pela fé, designado pela minha crença religiosa e fortalecido pelas constantes orações que me sobressaem ante aos meus sentidos naturais. Creio, antes mesmo de racionalizar minhas necessidades, baseada na busca efetiva pelo encontro com o Criador. Minhas forças mentais vibram fortemente por canais condutores de energia emocional tocando meus lábios que exprimem toda a minha dor, no exato momento de minhas buscas, e me remetem a um alívio consciente tornando meu corpo um elemento subjetivo das minhas emoções. É como se meu instinto me conduzisse por estradas imaginárias que a mente não consegue doutrinar a não ser pela emoção emanada do maior sentimento de pertencimento do meu eu emocional ao meu objeto real. Coração pulsando em completo alinhamento espiritual acalmando meu corpo trêmulo de desejos por vitória. É uma expressão fortemente complexa que submete meus estímulos a responderem ao comando oratório proveniente da mente ou do espírito que me carrega durante os momentos de êxtase em fé.

A fé é determinada pela força do seu desejo em alcançar alguma "graça", no sentido de que seu corpo físico e todas as suas forças materiais não são determinantes para o alcance do esperado por você. Assim, você se lança em uma profusão de conexões extrassensoriais impulsionadas pelo seu desejo latente em atingir seu objetivo, não especificando o real significado de suas angústias, pois que a fé é a base para crer que todas as dores que não podem ser tratadas materialmente sejam reconhecidas e atendidas. Não há uma receita específica para determinar a fé. Cada um de nós busca sua essência interior e a usa como um processo de ligação com as energias imateriais, dotada de carga emocional e sentimento de posse do seu pedido. Este, por sua vez deixa de ser um simples instrumento que o atormenta para ser o alvo a ser alcançado.

Em algumas não raras vezes em minha vida me vi impulsionada pelo desejo ardente da fé. Esta fé que me sustenta e me inspira a crer em Deus e na Espiritualidade de Elevação.

Assim, meu caro, quero levá-lo a raciocinar sobre a fé como um elemento essencial em sua vida cotidiana. Usar a fé como forma de pertencimento ao seu eu emocional, entendendo-a como característica essencial para suas reflexões de foro íntimo, quer seja para buscar efetivamente um contato com a força superior, ou mesmo, para determinar suas buscas por melhores dias em sua trajetória, preenchendo-o com um sentimento de paz, de amor e de reconhecimento profundo de sua necessidade de crescimento espiritual a cada novo amanhecer. Olhando por este prisma a fé se torna um sentimento constante do seu pensamento, capaz de ocupar um espaço transcendental em seu corpo físico, fruto de um entendimento profundo do espírito e sua ligação com suas origens.

Outrossim, meu companheiro, há de perceber que a fé é um emento do bem. E sendo, por conseguinte, uma função do amor. Desta forma de compreender a fé, se determina qual processo externo seu eu individual está trilhando, levando como questão que há uma concepção, a priori, de que a vida pode ser um estímulo fundamental para a essência do espírito em dado momento encarnado, sendo consoante ao seu desenvolvimento o exercício da fé como mantenedora de seus desafios durante sua trajetória, ora por comunhão espiritual ou essencial à sua energia, ora por necessidade premente de compreender os desígnios de

Deus e percorrer caminhos sinuosos com a busca pela fé para alívio em causa própria. Elementar se faz crer que a fé pode ser elegível. E deve ser. Desta consideração você pode proporcionar uma notável compreensão sobre a vida, seus caminhos e sua plena organização espiritual. Portanto, há espíritos que insurgem em seus corpos físicos a ideia de conceber a fé como desígnio do amor; há espíritos que denotam pouca fé e mais razão, e desta forma compõem seu organismo vivo de subsistência e determinação em causa própria, alienados à crença da fé como essência de sua evolução.

Meu caro, gostaríamos de transcrever a fé como essencial ao ser, imaterial ao corpo e efetiva em sua própria força. Portanto, este sentimento, ora intuição, ora intenção é um exímio modelo de persuasão espiritual ao aspecto real do ser. Assim, a fé torna-se cada vez mais frequente ao indivíduo que traz livre o seu coração de egoísmo e presunção. Por conseguinte, se faz compreender que o elo permanente em exceção ao indivíduo, ora corpo, ora espírito, é o sensato caminho intuitivo e emocional que incita a realização do desejo profícuo da causa a sustentar.

A fé religiosa é empoderada de magias e abstrai a individualidade do ser, pois que cada exato momento de ascensão do seu instinto, sua crença fortalecida pela sua espiritualidade o leva a conduzir sua energia necessária ao encanto subsequente da oração. Assim, o elemento religioso surge embasando sua real necessidade de abster-se do material e buscar o essencial, a fé indistinta e rara.

A fé, consoante do amor, deve ser prerrogativa da alma que dispõe em seu espírito a busca constante pela evolução e o limiar substantivo da razão em detrimento à oração.

Podemos levá-lo a questionar a fé? A fé não submerge do coração que demonstra vácuos em sua premonição. Para se constituir a fé há que se questionar a razão. Se a materialidade da circunstância requerida não corresponde ao seu objeto da busca, a fé nada mais é que um vazio absoluto. Um vácuo no tempo perdido de quem não crê no bom uso da razão como uma das faculdades mentais do ser, capaz de tornar real o que ninguém consegue ver. Fé é convicção, é crença de quem crê.

Posso contar inúmeras experiências pelas quais passei e busquei internamente pelo desejo imaterial compreendido por mim naqueles exatos instantes como fé, movida pelo amor, pelas preces e pela crença em Deus.

Recentemente eu estava vivendo um momento muito complicado de saúde ocasionado por mim mesma. Neste dia, bem cedo, eu havia saído de casa e ido à academia fazer um treino rápido. Me lembro exatamente de minha intuição facultando ao meu corpo físico, muito cansado após mais de 1 hora naquele local, a decisão de parar e ir para casa descansar. Estava bom por aquele dia! Mas, eu não ouvi minha intuição e, de fato, ela "gritou" em minha mente umas três vezes me pedindo para parar. Então, eu falei para mim mesma em pensamento:

"- Vou fazer o último exercício e depois vou embora porque estou estafada fisicamente."

Enfim, quem avisa amigo é! Eu não consegui concluir este exercício, pois, assim que tentei colocar o último peso de "45 pounds" na barra ele caiu precisamente em cima de meu pé esquerdo. Passei meses terríveis de dor e angústia! Mas, minha fé me embalava todas as manhãs para que eu vencesse a imobilidade, as dores e o cansaço mental por ociosidade. Nos dois primeiros meses eu fiquei com um gesso para curar a fratura, sem sucesso. Certo dia, a médica me mostrou o resultado de sucessivos raios X e o quase nenhum avanço da minha fratura. Então, ela me diz:

"- Vou encaminhá-la para cirurgia."

Naquele momento saí do consultório médico com um ar de completo abandono e medo! Eu não tinha plano de saúde que cobrisse tal procedimento naquele país e nós não tínhamos dinheiro suficiente para realizar tal cirurgia. Então, fomos ao especialista indicado e ele nos disse que marcaria a cirurgia para duas semanas após. Neste momento meu esposo informou-o que não tínhamos condições financeiras para arcar com um valor muito expressivo. O médico, muito atencioso, nos mandou procurar por um centro especialista em caridade, me inscrever e saber se meu caso seria elegível para tal cirurgia, uma vez que eu era imigrante e meu seguro de saúde não cobria esta situação em especial. De certo que estávamos legalmente residindo no país em questão, mas, crer que fosse capaz de conseguir uma cirurgia em um local distinto à minha nacionalidade seria quase impossível racionalmente pensando! Passei os restos dos dias antes da cirurgia já agendada em constante oração. Até que, no meio da semana que estava prevista a realização da minha cirurgia, recebi uma ligação dizendo que meu processo havia sido aprovado e que cobriria 100% dos custos da operação e tratamento. O que quero dizer com esta minha experiência é que Deus sempre tem um propósito para você. E ele está lá para fazer sua vida mais feliz! Creia! A fé é um elemento essencial à própria vida. Durante todo este processo eu pedi e agradeci aos meus Guias Espirituais por uma solução que fosse a melhor para minha vida. Eles estiveram presentes em todos os momentos!

De acordo com *Teixeira Jr.* (2015): *"A fé é acreditar que você pode, e não que os outros podem por você."*

7

ENCONTROS & DESENCONTROS

– PESSOAS OU ANJOS ENVIADOS POR DEUS –

A VIDA TEM UM CAMINHO PRÓPRIO algumas vezes e durante esta longa trilha pela qual nosso sujeito percorre paulatinamente encontramos diversas pessoas a todo instante, embora em momentos diferentes, oportunos ou não, esta é a forma como compartilhamos nossa história. Ganhando e perdendo, mas, principalmente buscando nossa própria felicidade, seguimos movidos por um desejo latente de realizações a cada novo projeto ou objetivo traçado. Nesta estrada nos deparamos com muita gente, fruto de nossas escolhas e de encontros ao acaso que determinam como seguiremos em grande parte de nossa trajetória. Isto nos remete a uma memória afetiva de larga escala que percorremos nesta vida desde o útero e o aconchego materno durante a infância, até uma busca efetiva pela nossa "pseudoliberdade", em dados momentos de nossas escolhas. Mas, importante observar que buscamos nossa autonomia constantemente, logo após ao nascimento. O fato é que a lógica dos encontros é um mister de desafios, somente pelo fato de nem sempre conseguirmos compreender os laços que se formam durante o caminho e que nos fortalecem sobremaneira, mas também nos aprisionam dependendo das circunstâncias envolvidas. Outrossim, há uma dicotomia neste preceito natural pós-nascimento que abastece nossa trajetória, ora com grandes momentos de alegria e companheirismo e ora com desencontros fadados as tristes decepções. É um misto de sentimentos que nos forma e transforma nossa essência ao longo de toda nossa existência.

Destarte, meu caro, o processo ideológico constituindo de nossa essência nos remete às formações sociais, e de certo que a base para este mecanismo social ideológico é o nosso entendimento sobre a vida e as causas concorrentes aos infinitos processos que nos decolam "dia após dia". No início de nossa formação enquanto sujeito mantemos a base sólida familiar, na maioria dos casos, concebendo ao nosso grupo social instituído um pouco de nossa linguagem perceptiva, nossa descoberta como indivíduo produtor, gerador de ideias e de conflitos.

A vida é baseada em participações eletivas nos diversos grupos de pessoas distintas, quer seja na escola, no trabalho, no sistema religioso, enfim, em qualquer processo social ao qual estamos inseridos, levando-nos ao crescimento espiritual durante nosso trajeto material (espírito encarnado). Fisicamente sentimos um desejo constante de aprendizado nestas indistintas vezes que nossa convivência social preceitua. Espiritualmente, buscamos um elo constitutivo de nossa essência como fator determinante para nossa permanência em cada contexto social. A energia que emanamos a todo instante nos remete ao caminho ou escolha que devemos fazer.

Podemos compreender que independente do caminho a percorrermos os encontros serão atuantes tanto fisicamente quanto espiritualmente, tendo como base a existência e interligação entre o plano físico e o plano espiritual, devido ambos fazerem parte da mesma realidade universal. (*Silva Jr.*, 2018). Porém, ainda que a gravidade seja somente uma, sua força de atuação se difere nos dois planos. No plano material ela faz com que corpos com a mesma carga elétrica se repilam (princípio da eletrostática), já no plano espiritual faz com que dois ou mais espíritos que possuem a mesma carga se atraiam (os mesmos pensamentos equilibrados ou os mesmos desejos desequilibrados). (*Silva Jr.*, 2018).

O pensamento carrega uma ação extremamente poderosa como força energética capaz de comandar decisões por meio de processos mentais inconscientes. Assim, é importante que sua frequência emitida seja conectada com sentimentos embasados pelo amor e demais cargas emotivas positivas porque agindo assim você recebe de volta a mesma frequência. (*Teixeira Jr.*, 2015).

Sendo o pensamento um sentimento emissor e receptor, cabe-nos auxiliarmos de boas vibrações como forma de convívio coletivo coerente com o que desejamos emitir/receber como energia. De certo que nossa mente é a área perispiritual de atuação do espírito, que indo ao encontro do livre-arbítrio, pode nos levar a tomada de decisões emanadas pelo mundo exterior, ocasionando frustrações e desencontros. Neste sentido, o corpo físico tem um importante papel de atuar positivamente a partir das emoções recebidas do nosso pensamento decorrente de emissão realizada pelo espírito.

Destarte, a inteligência espiritual impulsiona o ato de pensar. O espírito é, portanto, o emissor do pensamento que vai atuar diretamente no corpo físico, para o bem ou para o mal.

Meu caro, tomemos um tempo para autorreflexão sobre nossos pensamentos e os impulsos provenientes de nossa mente em nossas ações cotidianas. Sabemos que esta vibração fluídica denominada pensamento é emanada pelo espírito dotado de inteligência cósmica, portanto, como ser inteligente capaz de materializar o ato de pensar, a qualidade e a característica do espírito vão determinar a atuação do corpo físico sobre todas as coisas.

De acordo com *André Luiz* a respeito das qualidades e dos efeitos das emissões do pensamento (*Silva Jr.*, 2018): *"A partícula de pensamento, pois, como corpúsculo fluídico, tanto quanto o átomo, é uma unidade na essência, a subdividir-se, porém, em diversos tipos, conforme a quantidade, qualidade, comportamento e trajetória dos componentes que a integram."*

Agora, quero levá-lo a percorrer os caminhos essenciais do pensamento, determinando com quais grupos de pessoas gostaríamos de trocar nossas percepções e possibilitar um efetivo desenvolvimento humano. De certo que muitas das vezes a vida nos condiciona a seguir por estradas que nos levam aos verdadeiros encontros de alma. Como se Deus tivesse colocado determinada pessoa no momento exato de nossa necessidade para nos conduzir por melhores caminhos. Isto é um fator que materialmente não podemos explicar, pois que para os materialistas o acaso é uma condição normal como constante do processo natural existente. E de acordo com o espiritismo, os encontros de espíritos afins podem ser uma oportunidade para o aprimoramento moral, constante de nosso processo evolutivo espiritual.

Minha vida me recheou de grandes encontros! No que tange minha compreensão sobre meu processo de desenvolvimento espiritual, atrelado à minha formação humana, os encontros fortaleceram a lógica dos caminhos pelos quais percorri, inclusive, minha escolha profissional e minha vontade crescente em buscar conhecimento acadêmico como resposta às emoções e percepções intuitivas sentidas por mim ainda bem jovem. Intimamente eu intuía a necessidade de compreender melhor a vida, minha essência; qual formação profissional me levaria a inspirar e motivar pessoas? Queria mostrá-las com minha própria experiência que poderiam buscar sua identidade e atuar profissionalmente indo ao encontro de suas habilidades e competências, suas emoções e valores reais impactando positivamente a sociedade; enfim, seu trabalho as ajudaria a crescer! Eu pensava assim... Sempre pensei em impactar a vida das pessoas, levando-as à reflexão e, provavelmente, meu subconsciente tenha sido a mola propulsora de toda esta história. Hoje, relembrando este processo todo, me remeto a questionar-me: - Meus Guias Espirituais sempre estiveram prontos a responder minhas inquietações? De certo que sim, pois eu imaginava uma situação profissional lá na frente e, sem fazer o mínimo esforço, ela acontecia a algum tempo depois. Eles estavam sempre prontos a me ajudar!

Recobrando minha memória, já que estamos falando sobre as escolhas profissionais, me lembro perfeitamente de minha mãe me dizendo:

"- Por que você vai fazer Pedagogia? Professor não tem valor neste país, minha filha!"

Naquele instante eu não sabia o que dizer a minha mãe, então, no auge de minhas certezas intuitivas eu respondi:

"Eu vou chegar no nível mais alto da educação, minha mãe. Serei a melhor profissional de educação que eu puder ser!"

Agora, abrindo meu coração para você, caro leitor, eu não sabia realmente qual caminho me conduziria ao que eu havia prometido a minha mãe. Mas eu cumpri entregando a ela aos 38 anos de idade meu Certificado de PhD em Ciências da Educação. O caminho foi longo, mas eu tive ajuda... Estou certa que sim!

Vamos percebendo que durante nossa vida somos levados a inúmeros processos complexos que determinam nossa forma de lidar com as frustrações e quais forças recorreremos para vencermos todas as vicissitudes pelas quais passamos. Os contextos sociais são delineados de forma a construirmos valores morais e eticamente aceitos pela sociedade, mas não há um livro de orientações que nos ensine a lidar todos os dias com frustrações, medos, injustiças e tantas opiniões anátemas que ferem nossa crença nos conduzindo a labirintos de dor e decepção. Porém, nossa força espiritual é a melhor insígnia que devemos carregar como forma de construir nossa trajetória dentro de todo o contexto supramencionado, mas, sem perder nossa capacidade de orar, de crer e de seguir adiante fazendo o que tem que ser feito.

Um encontro que gostaria de compartilhar aqui refere-se a uma relação sólida de amor e amizade que construí, desde os 16 anos de idade, com uma grande amiga que me inspira até os dias de hoje. Percebo que nossa relação nunca foi pautada em cobranças ou discussões banais sobre a vida alheia. Sua presença em alguns momentos de minha vida foi fundamental para meu crescimento humano.

Sua mãe havia adoecido e ela, como filha única e grande companheira, esteve ao seu lado até o momento de seu desencarne. Para mim, elas eram como almas complementares, tamanha sintonia, e de certo que eu estive inúmeras vezes em sua casa, quando sua mãe ainda estava viva e muito saudável, e pude aprender com aquele amor puro, instintivo e natural entre seres que se completam. Quero deixar registrado aqui nossa história de amor! Ela me introduziu no campo profissional, desde o meu primeiro emprego em uma renomada escola a qual ela havia me indicado, e depois, durante algum tempo, os empregos subsequentes da minha vida passaram pelo crivo de seu convite. O fato é que nos tornamos amigas de trabalho, confidentes, e, por fim, companheiras de turma no Mestrado em Ciências da Saúde e do Meio Ambiente. Me lembro bem que naquela época viajávamos (eu, ela e minha irmã) para estudar cerca de 3h para ir e vice-versa. Eu não tinha dinheiro sobrando, então, dividíamos algumas vezes as refeições. Ela sempre foi generosa em tudo! Nossa relação me traz boas recordações e, principalmente, porque ela, sem saber, me trouxe de volta ao espiritismo. A minha fé se fortaleceu quando sua mãe havia adoecido e eu procurava estar sempre perto delas. A vida é muito corrida, mas, quero deixar um sentimento de gratidão à minha "amiga-irmã" que me deu a grande oportunidade de recorrer aos meus ensinos espíritas, para junto com ela, orarmos em favor de sua mãe. Insta salientar que nestes momentos de doação e prece meus Guias Espirituais estavam sempre presentes!

Certo dia, após quase um ano internada em um leito de hospital, minha amiga incansável conseguiu alta médica para levar sua mãe para ficar em casa – ela havia organizado um "homecare" pois sua mãe necessitava de cuidados especiais 24h/dia –, eu estava lá e presenciei a "conversa não verbal" emocionante entre elas. Então, ela olhando para sua mãe e acariciando seu rosto – que não denotava qualquer expressão tamanha lesão sofrida –, diz em um tom amável:

"- *Mãe, conseguimos! Vamos para casa?*"

E, daquela face sofrida pelas dores que a doença lhe trouxe, sem sequer demonstrar alguma interação com o ambiente exterior, sua mãe – a senhora mais bondosa que havia conhecido na minha vida até aquele momento, responde-a, por obra de Deus, através de *"uma lágrima escorrendo dos seus olhos"*, que não comunicavam com o mundo desde o trauma.

Sim! Ela estava lá, presente! Meu querido leitor, esta foi a conversa mais determinante que vi em minha vida e tive a certeza que nosso espírito, independente das dores e sequelas do corpo físico, está presente, lutando conosco para vencermos as batalhas que precisamos travar.

Com base em fatos reais, transcrevo a vocês a importância da prece nos momentos de dor e de gratidão. Nosso espírito requer "realimentação" continuamente por meio de boas vibrações, de estudos que enriquecem a alma e o coração, e de orações que elevem nossas emissões à dimensões celestes, ao contato com Deus, com sua obra, com as orientações que a Doutrina Espírita nos traz como complemento salutar ao nosso conhecimento, fortalecendo a relação corpórea espiritual. Momentos de reflexão servem para denotarmos um processo de organização coerente com o que entendemos fortalecer nossa trajetória, elucidar nossas inquietações e construir um amadurecimento acerca da vida física e da nossa relação com o mundo espiritual.

Quero agora compartilhar outra relação muito importante para mim como pessoa e, principalmente, como médium. Trata-se do maior encontro que tive a oportunidade de vivenciar! Esta relação me trouxe um grande aprendizado mediúnico e deixo aqui registrado profundo respeito ao meu grande orientador espiritual (encarnado). Assim, meu caro, esta história que relatarei a seguir determina a correlação "pessoa x aprendizado x espírito" fazendo jus novamente aos encantos dos encontros. Na minha vida algumas pessoas que fizeram ou fazem parte dela me conduziram incrivelmente ao mundo espiritual.

7.1

A HUMILDADE DE UM HOMEM SÁBIO

ME ENCANTEI POR AQUELE SENHOR EM torno de seus 70 anos, talvez um pouco mais, quando eu cursava Doutorado em Educação, antes mesmo de conhecê-lo pessoalmente através dos relatos de uma então amiga, conhecida na Universidade, retratando sua espiritualidade e sua forma de conduzir a Casa Espírita a qual ele preside ainda hoje. O que me trouxe naquele momento dóceis lembranças sobre minha trajetória espiritual; os aprendizados durante as sessões espíritas naquela primeira Casa que eu frequentei ainda aos 16 anos de idade e a figura da adorável Presidente das sessões, agora já desencarnada, lidando com o mundo espiritual de forma tão encantadora, com tamanha ternura em alguns momentos e energia em outros, que tocou profundamente meu coração. Quis conhecê-lo!

A vida nos impulsiona a seguirmos nossa trajetória sem imaginar que o futuro pode nos recepcionar e nos surpreender através de grandes encontros, por meio de relativas buscas alienadas ao verdadeiro sentido de nossa missão. É corajoso determinar o que poderemos alcançar no que se refere à fé, de forma natural, conduzindo nossas escolhas sem delimitar o momento oportuno como forma de crescimento e aprendizado espiritual. De certo que vamos concorrendo ao acaso, fruto de nossas perspectivas vislumbradas ao que nossos olhos podem ver, metaforicamente falando. Entretanto, meu caro leitor, o progresso do nosso espírito depende de nossa efetiva contribuição associada às consequentes reuniões de pessoas ou espíritos que passam pela estrada de nossa vida como anjos de Deus. É uma figura de linguagem configurar ao homem considerado normal, um ser em constante evolução, com esta nomenclatura que somente deve ser qualificada aos seres celestes e evoluídos. Obviamente, que aqui, quero demonstrar a importância dos encontros ao meu caráter ideológico e filosófico enquanto dotada de contribuições instintivas escrevendo este livro, neste caso, remetendo à minha "licença poética" como escritora, a fim de denominar este encontro como obra de Deus.

Sabe quando você encontra alguém que sua aura emana luz, transcendendo ao seu corpo físico uma sobriedade peculiar, concorrendo com uma fala coerente ao olhar que figura alívio às suas dores imaginárias? Esta sensação foi o primeiro impacto ao me deparar com o "senhor de cabelos grisalhos" e uma sabedoria espiritual que denotava segurança e tranquilidade ao mesmo tempo em uma simples conversa sobre a vida. Pude perceber naquele instante que eu havia sido conduzia àquele encontro!

Como relatei nos eventos que transcorreram a história deste livro até aqui, é atenuante que minha vida espiritual foi conduzida em meio às artimanhas de minha própria trajetória, com altos e baixos, mas, é fato relevante determinar que minha fé sempre foi precedente em qualquer etapa discorrida. Se você me questionar qual o momento exato em que me despertei ao encontro do espiritismo efetivamente? A resposta que me veio neste exato momento é que ainda busco continuamente este encontro, como uma forma de transcorrer minha imaginária sede por percorrer caminhos que elevem minha fé e mantenham-me em condição constante de evolução; o fato é que ainda me vejo sendo guiada a construir objetivamente minha vida espiritual, por meio de minhas constantes indagações e ilimitados estudos a percorrer meu instintivo consciente, ora absorto pelas infinitas limitações de foro cognitivo, ora sedento por novos conhecimentos acerca da vida e das relações coexistentes entre o universo espiritual e o mundo material. Ademais, há um limiar entre minhas condições humanas e espirituais sobre os mistérios relativos ao universo coletivo, dotado de segredos e a ser desvendado a todo instante. No que gostaria de descrever sobre este encontro, vamos percebendo que há pessoas que carregam uma condição natural de doação espiritual e mantêm uma grande capacidade de conduzir sua vida de forma a instruir outras pessoas inspirando conhecimento.

Naquele dia que conversamos sobre minha identidade pessoal, minhas angústias e minha afeição espiritual pelo ambiente que me proporcionasse desenvolver minha mediunidade e colaborar com a espiritualidade de forma que a caridade fosse o real objetivo da minha motivação, pude receber daquele senhor uma grande lição de humildade. Assim como em muitas outras vezes tive a oportunidade de presenciar isto, quer seja nos momentos em que ele estivera conduzindo as reuniões mediúnicas, as atividades espíritas, ou ainda, as mesas de cura e as caridades pessoais.

Meu caro leitor, o que é a humildade? Quantas vezes em sua vida você se deparou com alguém que estivesse disposto a te ajudar independentemente de qualquer situação de interesse? Pois bem, quero aqui descrever como pude sentir a humildade no "senhor de cabelos grisalhos" desde o primeiro contato. Ele me ouviu e me conduziu sabiamente às minhas próprias respostas; ele se dispôs a me ajudar no desenvolvimento de minhas atividades mediúnicas, abrindo sua casa e seus ensinamentos para que eu pudesse construir um ambiente seguro de amor e fé determinantes em meu aprendizado e evolução; ele me ensinou a conhecer os meus próprios limites e a buscar auxílio nos momentos de doação; ele esteve sempre presente em meu caminho espiritual naquela casa, me ensinando e me ouvindo todas as vezes que eram necessárias as trocas de experiências e construção mediúnica. Em todos estes momentos pude perceber sua docilidade e benevolência nas atividades à frente da Casa.

Quero levá-lo a considerar a imagem do "senhor de cabelos grisalhos" como um pai orientador, um irmão afetivo, um filho obediente, um amigo leal... Para mim ele sempre foi meu orientador espiritual, com uma forma sábia de conduzir minhas dúvidas acerca das atividades espirituais as quais eu tinha de desenvolver, atuando de forma colaborativa e excepcional a todo o instante em que qualquer um desejasse ir ao seu encontro. De certo que estar próximo dele era sempre um sinal de boas experiências a compartilhar, sobretudo, pelo seu caráter doutrinador durante as sessões mediúnicas. Sua paciência em ensinar denota sua humildade em todos os ensinamentos transmitidos ao longo de sua missão sacerdotal.

Durante todos os dias em que estive presente no Centro Espírita do "senhor de cabelos grisalhos" presenciei sua atenção dispensada especialmente a todos que procuraram por sua ajuda espiritual. Sem restrição de nenhuma pessoa, todos eram atendidos de acordo com suas necessidades reservadamente nas sessões de cura e tratamento individual, ou em qualquer atividade pertencente ao cronograma de atendimento coletivo, bem como em situações emergenciais e urgentes que ele era convidado a participar; sempre com um olhar sereno, um sorriso nos lábios e o coração aberto a compartilhar suas orientações e compor sabiamente aquele ambiente de caridade com sua energia positiva e visão clarificada.

Quando tive que recorrer aos seus ensinamentos ele foi absurdamente sensível às minhas limitações quanto ao meu pouco conhecimento mediúnico, e foi um grande orientador da Doutrina Espírita, incitando os estudos mediúnicos e corroborando com as práticas de caridade inerentes às nossas necessidades; as minhas, dos demais frequentadores da casa e de todas as pessoas que "bateram à sua porta" pedindo auxílio espiritual, tratamento e cura.

Me recordo de buscar ajuda diversas vezes durante os três últimos anos que estive residindo no Brasil, frequentando a sua Casa, e em todas elas ele não vacilou sequer uma única vez em me receber e me orientar caridosamente. De fato que minha escolha por deixar meu país foi "abençoada" por ele através de suas "orientações"... Inclusive, ainda hoje, sua orientação me conforta em todos os momentos de minhas fraquezas e necessidade de auxílio espiritual, lembrando o fatídico evento ocorrido com a fratura no meu pé esquerdo e posterior cirurgia, já relatados anteriormente aqui, onde contei com seus cuidados espirituais à distância, curando meu corpo físico e emocional e minhas dores consequentes.

Nossa sintonia é como se existisse uma ligação espiritual tão frequente que posso pressentir suas fragilidades, bem como recorrer às suas orientações, mesmo longe, pois qualifico nosso encontro como uma enorme oportunidade dada a mim por Deus para aprender a compreender as missões espirituais concedidas a cada um de nós e alimentar minha fé cotidianamente quando me recordo de sua humildade e dedicação com o mundo espiritual, as pessoas e a sua Casa.

Tenho convicção que meus Guias Espirituais me conduzem sempre ao seu encontro; todas as vezes que me sinto no dever de seguir em frente alimentando minha alma de sabedoria e coesão, delimitada pelas recordações da experiência de vida do "senhor de cabelos grisalhos", meu "orientador espiritual encarnado".

7.2

A CARIDADE EVIDENTE NO SEU OLHAR

ERA UM SÁBADO MARAVILHOSO, COM O sol no cume de sua altura máxima, próximo às 12h do dia, estávamos eu e minha mãe visitando pela primeira vez o Centro Espírita do "senhor de cabelos grisalhos". O fato é que eu estava com muitas questões sobre minha vida espiritual, meu caminho como médium e intrincada com uma curiosidade absorta em minha memória sobre a então conversa a respeito deste senhor e sua maneira de conduzir o trabalho de caridade.

Curioso fato me absorve a mente naquele exato instante quando adentramos à Casa, pois, estavam organizando uma linda festa em comemoração ao dia das crianças! Remotamente minha memória alude há anos atrás quando eu havia ido também visitar um outro Centro Espírita, situado na minha anterior cidade de residência, e era Festa das Crianças. Parei por um instante e meu olhar se fez transigido da emoção de outrora, trazendo-me boas lembranças daquela noite festiva. Então, fiz uma pergunta para mim mesma em pensamento:

"- Será o acaso ou meus Guias Espirituais me trouxeram novamente à caridade?"

Enfim, hoje sei responder a esta pergunta, pois, – obviamente não foi o acaso que me levou nesse dia a essa Casa – após as imagens que pude observar das crianças e famílias sendo atendidas com tantos gestos de cuidado, por parte daquele grupo, através da doação de brinquedos, roupas, fraldas, alimentos e muito, muito carinho, tive a certeza de ter sido interpelada a estar "naquele dia e naquele horário naquele local".

Antes de discorrer mais sobre a Casa, gostaria de convidá-lo, meu caro irmão, a refletir sobre a caridade. O que você pode sentir quando alguém faz a você o que você necessita em exato momento de sua vida? Como seu coração responde às tarefas recebidas por outrem indo ao encontro de suas dores e tratando suas emoções com zelo e compaixão? Qual fator o leva a determinar que seu corpo está aludido de felicidade quando você "recebe" algo que tanto almeja e precisa há algum tempo? O que um olhar fraterno, um abraço amigo, um aperto de mão, uma palavra elucidativa, representam ao seu espírito desamparado por situações de iniquidade sem poder se defender? Quero intrincá-lo a sentir um desejo profundo e imaterial, forte o bastante para tocar suas vestes e encher seu espírito de

75

amor e compreensão impulsionando-o a concorrer aos seus instintos fraternais e solidários capazes de curar a dor de outrem. Quero desejar-lhe, meu amigo, uma armadura recheada de desejos oportunos por caridade e benevolência, no sentido de encetar com amabilidade qualquer ato dedicado ao próximo, irrestritamente, doando o que lhe couber, como forma de exercitar a caridade em atendimento à necessidade de quem precisa ao menos de uma mão amiga estendida.

De acordo com *Kardec* (2006), em *"Necessidade da Caridade"*, *Segundo S. Paulo*: *"Ainda quando eu falasse todas as línguas dos homens e a língua dos próprios anjos, se eu não tiver caridade, serei como o bronze que soa e um címbalo que retine; - ainda quando tivesse o dom de profecia, que penetrasse todos os mistérios, e tivesse perfeita ciência de todas as coisas; ainda quando tivesse toda fé possível, até ao ponto de transportar montanhas, se não tiver caridade, nada sou."*

Ficamos sentadas em um banquinho improvisado no vasto quintal gramado daquela instituição. Não conhecíamos ninguém, mas nosso espírito sentia-se regozijado de gratidão por presenciarmos cada família adentrando pelo portão principal, trajada de alegria e esperança, descortinar a dor e a amargura da condição

76

social a qual pertencia. Um fato muito interessante me lacrimejou os olhos ao observar uma mãe grávida de seu segundo bebê passando à nossa frente segurando a pequena mão de sua filha mais velha que parecia ter uns 2 ou 3 anos de idade. Era uma criança franzina e linda, com roupas simples, sandalinha de dedos nos pés, que trazia em sua face uma expressão de enorme felicidade "puxando", com a outra mão que estava livre, uma bicicletinha rosa com rodinhas, quase maior que ela. Ela olhou para mim observando-a e transferiu-me um sorriso "de orelha a orelha", e me agradeceu:

"- Obrigada, tia!"

Naquele instante absorto eu chorei de emoção compadecida com a alegria daquela criança, tão pequenina, mas, que já demonstrava em seu âmago o sentido da gratidão. Pensei por um instante fugitivo em minha mente:

"Quero colaborar com esta Casa! Me perdoe, meu Deus, por eu não estar fazendo nada por quem precisa..."

Este foi o meu chamado à caridade! Deste dia em diante sou uma mulher revigorada! Intensifiquei minhas orações, exauri minha mente com estudos espíritas e decidi participar como membro daquele Centro Espírita. Minha vida se transformou...

Quero deixar explícito a você, meu caro, que seus Guias Espirituais sempre darão um jeito para demonstrar sua necessidade de mudança, quando percebem sua busca e dedicação consigo mesmo e com o próximo. Uma sucessão de valores ora instituídos por você será revitalizada e aprimorada, buscando efetivar seu caráter moral acima das questões materiais e circunstâncias frívolas que a vida lhe havia proporcionado e que você não as reconhece mais.

Naquele mesmo dia, lá pelas 5h da tarde, o "senhor de cabelos grisalhos" me convidou à uma conversa restrita. Sentamos num local que ele reserva para tratamento espiritual – uma espécie de sala com uma maca e alguns cristais arrumados no armário branco na lateral do local –, ele ligou bem baixinho uma música com sons de natureza e ficamos cerca de 30 min. conversando. Contei minhas lamúrias de vida, meus caminhos experienciais como médium por amadurecer, e a maravilhosa impressão que tive daquela Casa a respeito do que eu havia presenciado naquele mesmo sábado à tarde. Ele também falou sobre sua vida espiritual e, por fim, me recebeu "de braços abertos" como integrante da sua Casa Espírita. Naquele instante de acolhimento me senti preenchida de amor e pertencimento! Esta caridade é a que eu necessitava receber daquela Casa, por parte do "senhor de cabelos grisalhos". Saímos daquele ambiente e "minh'alma" rejuvenescida saltitava de emoção através de pensamentos sublimes e coração latejante. Fui buscar e recebi...

Reunimo-nos todos no centro do salão principal para agradecer a Deus pelo dia festivo. E, de mãos dadas, o "senhor de cabelos grisalhos" iniciou a "Prece de Cáritas" fortalecida pelo coro dos membros do grupo espírita, entoando um ar célebre de amor e fraternidade, e deu por encerrada a reunião daquele sábado.

Vi constantes vezes a caridade expressa daquele senhor. Quero retornar minha memória aos infindáveis atendimentos aos irmãos que o buscavam para tratamento espiritual, e sequer presenciei sua ausência nestes chamados. O vi, algumas vezes, cansado aparentemente, atendendo com prestigiosa atenção mães, crianças, idosos, enfim, pessoas de todas as classes sociais e gênero. Ele estava lá, sempre, sem qualquer inferência à sua idade um pouco avançada para um atendimento, às vezes, tarde da noite, durante os finais de semana principalmente, apostos com sua roupa clara, seu jeito atencioso e sua alegria no olhar.

Momentos em que se percebe a frequência de atitude colaborativa em uma Casa Espírita deveriam ser constantes em nosso dia a dia, em nossos afazeres laborais, no trato: com familiares, amigos, e, não menos importante, pessoas que requerem nossa atenção especial em dado momento de nossas vidas. Alguns, exauridos da dor forjada pela falta de algo que necessitam e que nós, com alguma sensibilidade e vontade de ajudar, poderemos atuar diretamente no aspecto atenuante da vida alheia, fazendo a quem precisa, um auxílio tão necessário quanto a nossa envidada evolução. Seria aludir um sentimento de pertencimento ao caráter evolutivo do espírito que em dado instante de sua trajetória tem a percepção de resguardar outrem com o cuidado necessário para o seu desenvolvimento, baseado nas promessas requeridas enquanto ente pertencente ao estado latente de encarnação, movido pela sublime concepção espiritual do fazer em benefício próprio um ato que aturdidamente parece estar sendo locado a terceiros. Isto requer uma presença constante de formar subsídios construtivos ao aspecto moral como forma de contribuir com a elipse formal do ato de conceber a evolução através da caridade indistinta por instinto e merecimento. Não cabe, pois, aqui meu caro leitor, descrever as intempéries do significado restrito de quem recebe a doação, não obstante a este prólogo, cabe-nos cumprir a tarefa de não prescrever sua qualificação fortuita como empecilho para a ajuda próspera recebida. Neste caso, a caridade é o reflexo indistinto do espírito que provém o desejo de colaborar com atos que signifiquem subsidiar um irmão em suas prementes necessidades ora requeridas. Assim, faz-se por puro afeto instintivo do amor latente em uma conjuntura própria e capaz de contribuir em causa alheia à sua própria jus. Seja, frequentemente, um austero colaborador dos desígnios do fazer como forma de possuir um sentimento oportuno de gratidão e configurar seu espírito com a comunhão próspera do bem maior.

Momentos satisfatórios para minha essência mediúnica foram pressentidos nas mesas de estudo da Codificação Espírita, em que minha energia se revigorava com as palestras proferidas durante a reunião. Muitas mensagens são transferidas a todo instante em nossa vida e temos que estar atentos ao uso devido em causa própria, prevalecendo os ensinos evangélicos ante as atribuladas correrias do dia a dia, como forma de amadurecimento e enriquecimento espiritual. Assim, cada palavra ouvida, cada leitura bem colocada, impõe-nos um certo ar de responsabilidade com a forma como lidamos com a nossa vida. Há um limiar tênue entre o bem e o mal, um desejo latente que busca furtar-nos a coerência do exercício profícuo do amor como manutenção do convívio coletivo. Pelo exposto, a participação em uma mesa mediúnica fortalece os enlaces fraternos e o aperfeiçoamento individual, cognitivo e espiritual.

É um ato orgânico compor nossa "frequência cardíaca" pautada na acepção do trabalho de caridade como conduta moral elementar e condição de aprimoramento espiritual capaz de emanar trocas efusivas de amor e compaixão, mantendo a esperança e fé ardentes, em um simples gesto efetivado. *"Agora, estas três virtudes: a fé, a esperança e a caridade permanecem; mas, dentre elas, a mais excelente é a caridade (S. Paulo, 1ª Epístola aos Coríntios, 13:1 a 7 e 13.)"*, conforme *Kardec* (2006).

7.3

A CURA E TRATAMENTO COMO
ALIMENTOS DO AMOR

NESTA PARTE, ACERCA DAS ATIVIDADES de tratamento e cura espiritual, quero deleitar minhas palavras desaguando o amor, o que eu recebi e que quero propô-lo a sentir através dos contos das passagens pela Casa compartilhados aqui. O fato é que falar de tratamento espiritual requer uma linguagem conceitual pautada nas bibliografias espirituais e fisiologias humanas e seus aspectos biológicos e terapêuticos como alívio de causas aludidas em casos de doenças e dor, e esta não é minha intenção. Aqui quero tratar de cura espiritual a partir de doações de energia e proliferação de amor. Não vamos desenvolver questões paranormais ou ideológicas, muito menos dispor de milagres ou curandeiria. Vamos transferir nosso sentimento baseado nos processos contínuos de colaboração e troca de energia.

Naquela noite, em especial, pude sentir um alívio profundo e imediato após deitar-me na maca disposta a receber o passe mediúnico. Ocorre que meu coração estava amargurado, havia perdido o emprego e a esperança "por uns instantes" fugitivos em minha alma, meu corpo reclamava de dores por todos os lados. A cabeça explodia como um vulcão em erupção, convulsionada pela baixa energia em meus chacras principais. O "senhor de cabelos grisalhos" veio ao meu encontro e empunhou levemente suas mãos sobre meu coronário. Senti logo após uma forte energia emanada em direção ao meu plexo solar, e obviamente, uma sensação de paz e equilíbrio recobraram minha essência ora doentia. Adormeci cerca de alguns minutos...

O sol resplandecia a todo vigor naquele sábado à tarde. A Casa estava cheia de novos visitantes, além dos frequentadores assíduos dos trabalhos de caridade. Vi aquela senhora chegar meio cabisbaixa, olhos vermelhos e denotando um sentimento de tristeza e angústia, causado pelas fortes dores. Ela já havia procurado ajuda médica, estava consciente de suas necessidades medicamentosas e cumprindo à risca os prescritos da medicina tradicional. Não sei porquê, mas, seu olhar me buscou! Conversamos um pouco, queria aliviá-la, ao menos com palavras de amor e fé, e soube por ela mesma sobre sua doença, sua história e seu tratamento. A admirei naquele instante; tamanha fé e lucidez ao mesmo tempo. Algum tempo depois, o "senhor de cabelos grisalhos" que já se encontrava no espaço de tratamento espiritual em pronto atendimento, convidou-a a adentrar aquele local. Em poucos minutos, escuto sua voz saindo da porta daquela sala:

"- *Bárbara, minha filha, venha me ajudar, por favor?*"

Ele havia me convidado a participar daquela sessão;

"- *Sim, senhor!*" respondi prontamente; e fui.

Naquela noite, pude compartilhar com a senhora minhas energias vibratórias visando contribuir com sua harmonização. Fiquei ali, bem no cantinho da sala, emanando meus fluidos energéticos e pensamentos em perfeita comunhão. Enquanto o "senhor de cabelos grisalhos" cuidava especialmente de suas dores, utilizando, ainda, cristais em tons diversos, pelos seus chacras, de acordo com a necessidade apresentada pela então senhora. Dias depois nos encontramos novamente, e ela veio me contar que as dores cessaram e que naquela noite em questão, assim que chegou em sua casa, sentiu escorrer de seu ouvido uma cera escura, com uma espécie de explosão em um barulho ensurdecedor, e no exato momento, sentiu alívio e dormiu em paz. As dores não a incomodaram mais... Dei-lhe um abraço afetivo e a agradeci por estar ali!

Alguns momentos de nossa caminhada, buscamos nos encontrar com forças que designamos como superiores a fim de instrumentalizar nosso corpo e nossa alma para um estágio de harmonia e equilíbrio. Muitas vezes, sentimo-nos adoentados, com baixa produtividade natural e pouca energia impulsionando-nos a seguirmos adiante. Desta forma, canalizar nossa vibração aos momentos de reflexão e mentalização fortalecedora de canais energéticos de boa equalização, nos ajuda a vencermos muitas animosidades e fortalecermos nosso espírito por hora. Mas, é importante buscar um alinhamento contínuo e permanente com energias que nos impulsionem para o bem-estar e a alegria. A prece é um complexo canal de "religação" do nosso corpo à nossa mente espiritual. Basta alinhar nosso propósito em comunhão à nossa fé e requerer o alívio que buscamos receber.

Sabemos que a transferência de energia requer um cuidado especial por parte do médium que a transmite. Incluindo desde suas orações, preces, pensamentos, meditações, estudos e até mesmo o que ele ingere períodos antes de participar de reuniões que busquem a influência mediúnica para o tratamento espiritual. Cabe uma grande reflexão acerca do cuidado especial com nosso corpo, alma e espírito, alimentando-os de bons sentimentos e canalizando nossas energias às boas práticas que elevem nossa conduta mediúnica à oração, meditação, consciência corporal e atitudes ético-morais pautadas no amor, na fé e na caridade. A comunhão do corpo sadio e o espírito alimentado de bons fluidos é requerida como constante forma de desenvolvimento mediúnico e espiritual.

Meu caro leitor, discorrerei a partir deste parágrafo um período recorrido à minha memória afetiva, por meio das lembranças das inúmeras conversas entre mim e meu orientador espiritual, o "senhor de cabelos grisalhos", com a finalidade de demonstrar minha eterna gratidão aos seus ensinamentos acerca da espiritualidade enquanto filosofia de vida, de caminho, de amor, de fraternidade e de caridade ao próximo.

O "senhor de cabelos grisalhos", um sábio no fazer espiritual, compartilha sua experiência concluindo que:

"- A caminhada sempre foi longa, mas eu sou um privilegiado, pois tive grandes mestres espirituais e o que aprendi com eles tento aplicar em minha rotina como médium e indivíduo."

Me recordo de suas falas acerca de suas experiências com seus mestres que já se encontram em outro plano – o plano espiritual – que o "senhor de cabelos grisalhos" têm a satisfação de chamá-los de "pessoas fabulosas"; seres humanos que o incitaram ao desenvolvimento mediúnico através da caridade e amor ao próximo. Inclusive, todas as vezes que ele conversa sobre seus mestres ele é enfático em dizer o quanto é grato e que jamais vai decepcioná-los, pois, depositaram nele confiança e amor acreditando que ele seria capaz de trilhar sua vida seguindo o espiritismo como parte constante de sua trajetória encarnada.

Eu sempre tive curiosidade sobre o tratamento e cura espiritual e, principalmente, sobre a energia e irradiação emanadas na sala preparada pelo "senhor de cabelos grisalhos" para esta finalidade, denominada carinhosamente por ele como "Quarto Oriental". De acordo com sua idealização, o atendimento no "Quarto Oriental" tem por finalidade propor uma atenção mais individualizada, através de médiuns especializados direcionados para o tratamento e cura espiritual. Destarte, o "senhor de cabelos grisalhos" enfatiza em suas colocações que para atuar naquele espaço:

"- É preciso um corpo mediúnico preparado para cuidar de casos que necessitem de atenção especial de acordo com sua enfermidade, quer seja no campo espiritual, psíquico, material ou de saúde."

Segundo ele:

"- O objetivo é realizar não só a cura, mas o entendimento de que a vida gira em torno de trocas de espiritualidade, calor humano, amizade, fraternidade, comunhão..."

Assim, o "Quarto Oriental" foi criado não só para o atendimento aos que precisam estar ali, mas, também, com a finalidade de nós mesmos evoluirmos a um ponto de que sozinhos, distantes, possamos transmitir nossas energias para quem necessita.

Outrossim, a transferência energética com propósito de tratar e curar outrem passa por uma educação espiritual, por meio de estudos, de meditação, da prática da espiritualidade e evolução espiritual, pois, cada vez que você pratica mais você se aprimora. Essa é a lei da vida! Neste contexto, para o "senhor de cabelos grisalhos" o tratamento e a cura não são estabelecidos como uma receita pronta levando-se em consideração a individualidade da pessoa a quem se destina o cuidado espiritual, pois, cada pessoa é única e traz consigo seu próprio mundo com imperfeições, contradições e valores. Assim, a partir deste mundo, busca-se um caminho adequado para cada um no atendimento às suas necessidades naquele exato momento da busca.

Querido leitor, cabe ressaltar que o "senhor de cabelos grisalhos" possui uma larga experiência na atuação mediúnica, sendo sua mediunidade desenvolvida desde muito jovem, estando hoje com mais de 50 anos de prática espiritual pautada em muito conhecimento adquirido através de seus mestres, guias e mentores espirituais, além de estudos e infinitos momentos de meditação como alicerce espiritual.

No que tangem tratamento e cura no sentido de harmonizar o corpo físico e espiritual, sabemos que a vibração magnética é processada através da captação cósmica e de nossas mentes por meio da impostação das nossas mãos com a finalidade de transferência de energia para a pessoa que necessita naquele momento de cuidado. Às vezes, são usados métodos terapêuticos, mais materiais, onde você foca no problema anteriormente do que vem ocorrendo com aquela pessoa, quer seja na parte espiritual, na parte material, na parte física, e, de acordo com cada especificidade busca-se uma solução. Nem sempre a força corpórea, ou seja, a energia corpórea é utilizada unicamente, muitas vezes são usadas as energias de minerais, de pedras, de cristais, de luz, entretanto, todo este processo deve ser embasado em sua força mental voltada para o que se pretende alcançar. Cabe ressaltar que sem sua força mental estabilizada dentro de você em uma energia você não vai conseguir transferir a energia magnética capaz de atuar no campo necessário ao tratamento. Outrossim, este processo requer muitos estudos, conhecimento, mentalização e meditação para sua aplicabilidade no momento do tratamento.

Sabemos que nosso corpo é envolto por energias e que estas quando saudáveis fluem livremente em equilíbrio. Nosso pensamento, nossa forma de conduzir nossa vida, nossa maneira de ser e de agir influenciam diretamente em nosso equilíbrio ou desequilíbrio espiritual, físico, psicológico e mental. Assim, os chacras como ponto de energias são também nossos centros reguladores delas. Neste contexto, a transferência de energia atua diretamente sobre os chacras com a finalidade de equilibrar e manter a pessoa em perfeita condição de equilíbrio mental e espiritual. Também, meu caro leitor, como forças energéticas para atuação em cima dos chacras, os cristais podem ser usados para potencializar a energia nos locais identificados como necessidade de tratamento. Enfatizando, que, esta forma de tratamento somente deve ser realizada por pessoas capacitadas para tal inferência.

O "senhor de cabelos grisalhos" sempre deixou claro que sua relação com a Espiritualidade Maior, com os

Espíritos de Elevação, se processou através de uma evolução natural da sua espiritualidade baseada nos conhecimentos adquiridos durante toda sua história de vida. Segundo ele mesmo diz:

"- O processo de desenvolvimento da espiritualidade de qualquer pessoa que alicerça sua espiritualidade como um caminho de redenção, não só sua, mas também de outros, deve ser um caminho natural."

De acordo com *Silva Jr.* (2018), quando postula a respeito da intuição ele afirma que ela é a ligação psíquica com os Guias Espirituais. Para o "senhor de cabelos grisalhos" a intuição se coloca de maneira mais acentuada quando você tem um desenvolvimento espiritual. Logo, seus Guias e Mentores Espirituais filtram a intuição de acordo com o que se deve compreender sobre a mensagem transmitida.

Concluindo este capítulo sobre **"Encontros & Desencontros - Pessoas ou Anjos Enviados por Deus! -"** gostaria de retratar minha percepção sobre a última conversa que tive com o "senhor de cabelos grisalhos" a respeito de caminho espiritual, especificamente sobre este livro. Meu caro leitor, só você tem a condição de mudar sua trajetória, para o bem ou para o mal, porque você possui o livre-arbítrio. Assim, só você tem a condição de fazer o descaminho...; e o "senhor de cabelos grisalhos" preferiu contrariar o seu caminho e com isso, ao longo de sua vida espiritual foi desenvolvendo uma filosofia de troca de conhecimento, experiência, estudo e prática da espiritualidade aprendida com aqueles mestres supramencionados que o ensinaram sobre caridade, fraternidade e amor há tempos atrás. Pelo que conheço deste senhor, essa filosofia construída ao longo de sua jornada tem sido aplicada dentro da Casa a qual ele preside.

E por fim, trago na íntegra as palavras do "senhor de cabelos grisalhos" dirigidas a mim e que me fazem ter a certeza do caminho a percorrer:

"- Na minha iniciação da caminhada espiritual, aqueles mestres aos quais me referi anteriormente, eles falavam comigo o que vai servir para você também, Bárbara, embora você já pratique com bastante intensidade, que é o seguinte: – O médium precisa ter grandes conhecimentos porque ele é o arquivo do espírito –." (Martins, C., 2018).

8

QUEM SÃO SEUS GUIAS ESPIRITUAIS?

QUERO INICIAR ESTE CAPÍTULO aludindo meus Guias Espirituais como responsáveis pelo meu desenvolvimento mediúnico. Assim, expresso a cada um de vocês, "meus queridos amigos", minha gratidão e reconhecimento explícito pela ajuda obtida durante toda a minha jornada espiritual e minha história de vida.

Meu caro leitor, Deus em sua plena sabedoria e onipotência concedeu-nos a oportunidade de percorrermos por caminhos distintos e em momentos diversos como forma de potencializarmos a essência primeira "existência-após-existência" travando um processo cíclico de desenvolvimento "espírito-matéria" desde o início até a eternidade, no espaço-tempo infinito. Cabe a nós uma atuação distinta e reflexiva no sentido de trilharmos nossa vida, dia após dia, de maneira consciente indo ao encontro de nosso desenvolvimento espiritual, através de atitudes pautadas no amor, no perdão, na caridade e comunhão com os ensinamentos transferidos por todas as civilizações em suas trajetórias evolutivas das quais fazemos parte e nos encontramos presentemente.

Esta forma de compreender o universo vivo e adaptarmos ao conjunto de valores constitutivos presentes ao longo de toda a constituição do espírito e do corpo, ou seja, do ser enquanto organismo presente e constante como matéria e energia, nos denota um conhecimento adquirido anteriormente e até os dias atuais como conjunto teórico de valores éticos e morais aceitos como manutenção de vida e desenvolvimento humano/espiritual no planeta ora habitado. Este contexto nos remete ao caráter reflexivo do indivíduo acerca de suas escolhas e movimento constante ante matéria e energia, com enfoque generativo a compreender. O elo que propõe esta canalização de matéria constituída de energia cósmica é o ente participante do universo astral como insígnia determinante da condição de desenvolvimento constante. Podemos aqui, por conseguinte, definir este modelo de compreensão entre seu espírito e seu corpo físico presente na matéria viva como um canal de orientação que compõe o universo paralelo ao nível macro e microcósmico existente no espaço-tempo. Este ser, ora composto orgânico, ora energia, que seu corpo habita é constituído por um singelo modelo de adaptação ao sistema vital determinante e recebe constantes influências do mundo extrassensorial da matéria viva. Toda esta energia condensada e constituinte do universo paralelo ao seu é o fator de escolha necessária ao desenvolvimento também de sua constituição, agora somente energia, constante do universo cósmico, sendo assim, da mesma inteligência que o compõe.

Meu caro leitor, buscamos neste prenúncio sobre seus Guias Espirituais apresentar ao seu conhecimento sobre esta matéria em pauta que este ser ou ente de luz, ora força, ora energia condensada em captação radiativa é o seu "eu superior" que dotado de organização e facultado à sua escolha recorre como elemento primordial ao seu evolutivo caminho a seguir, como um fiel orientador e potência ativa de luz e energia captada pelo agente constituinte do universo cósmico.

Desta forma, queremos levá-lo a compreender que seu Guia Espiritual é um componente espiritual constante de sua diretriz evolutiva como auxiliador de suas transitórias experiências no período ante e pós-vida, como constante de sua tênue elementar corrente magnética, e dependente de sua evolução como subsídio ao eletivo caminho a percorrer ele também.

Por hora, cabe aqui determinar o Guia Espiritual como um ser de luz apropriada ao seu canal intuitivo, capaz de transcrever suas orientações na medida que você absorve esta energia como participante de sua diretriz a seguir. Assim, cabe a você, meu caro, compreender e conceder o momento exato da aceitação acerca das orientações designadas pelo Guia Espiritual que o acompanha sobremaneira. Desta forma, quando você compreender que possui uma força interdependente capaz de potencializar suas escolhas e fortalecer seu caminho evolutivo, você será capaz de acessar o mundo fabuloso do seu Guia Espiritual como um componente atuante do seu dia a dia a cada necessidade premente de orientação.

Sempre soube da existência de uma proteção espiritual em minha vida. De certo que no início de meu entendimento acerca da espiritualidade, aos 16 anos, eu estava pronta para colaborar com o trabalho de caridade, sem pertencer ao meu ego o sentido banal do exercício da mediunidade como instrumento de pertencimento a este ou aquele grupo espírita. Eu estava colaborando com minha carga energética como um desejo simples de desenvolver minhas faculdades mediúnicas independente de rótulos. Eu estava lá frequentemente! Nunca passou pela minha mente que meus Guias Espirituais estariam ali presentes, como em todos os outros momentos de minha vida, e continuam até hoje, graças a Deus. Convivi com médiuns de extrema capacidade de doação magnética, aprendi a me comportar em uma sessão de desobsessão, busquei compreender qual a melhor maneira de transferência de energia durante a participação nas salas de cura e tratamento espiritual. Enfim, hoje me questiono por que não compreendi a presença de meus Guias Espirituais naquela iniciação? Nem sequer questionei ao meu interesse próprio sobre esta relação que cresci dentro dela. Também nem me dei conta dos avanços que tive e dos encontros inopinados proporcionados por eles a mim, em todos os caminhos que me levaram à descoberta da fé e a caminhos de luz não me deixando perder-me no vácuo das minhas dores, na fuga pelas minhas paixões e no desespero ante os fracassos aqui e acolá. Sim! Deixo aqui minha certeza da presença de meus Guias Espirituais sempre na minha vida, me levantando a cada manhã nublada e resplandecendo meu coração de alegria com as conquistas.

Meu caro, quero que você busque em sua memória ou em alguma reflexão a respeito de sua vida que o impulsione a levantar posicionamentos referentes ao seu Guia Espiritual conduzindo suas realizações, fortalecendo sua plataforma mental e emocional frente aos desafios e perdas, e principalmente, orientando-o a cada instante em sua trajetória nos mais diversos campos, físico, material, espiritual. Assim, é facultado a você a escolha certa do seu caminho, buscando cercar-se de boas vibrações, boas referências, cuidando de sua saúde, sobretudo, de sua vida e de seu processo evolutório. Nesta concepção, ele sempre estará com você!

Falar da presença constante de meus Guias Espirituais é como falar de uma energia que determina minhas escolhas; de certo que nós temos nosso livre-arbítrio e que muitas vezes o usamos de maneira frívola, não encorajando-nos aos avanços de nossa própria jornada, inclusive, escolhida por nós enquanto espírito. Estas forças e energias que me fazem buscar minha própria essência, que me denotam confiança no apagar das luzes e no vazio metafórico do medo, são um aludido reflexo de minha fé. Esta mesma fé fortalecida pela certeza de um amanhã melhor e mais aberto aos conhecimentos irrestritos da vida e sua essência enquanto fonte de desenvolvimento e evolução espiritual, a todo tempo-espaço, como um caminho determinado a seguir sem exceção de qualquer espécie que habita o instante absoluto do universo cósmico.

Atualmente, um tempo presente no infinito a percorrer, me sinto mais forte e capaz de compreender os processos pelos quais tenho passado em minha vida. Tenho consciência das inúmeras vezes que fiz escolhas erradas e que estas mesmas escolhas me causaram dor e sofrimento.

Sobrevivi! O melhor de tudo, meu caro, o que gostaria de adentrar seu coração repleto de sonhos e de medos, pois estes elementos subjetivos fazem parte de nosso cotidiano, e causar uma forte e boa impressão sobre mediunidade e busca pela fé racional, como instrumentos que irão conduzí-lo firmemente ao encontro de seu Guia Espiritual. Você será capaz de obter uma sensação coerente com suas buscas sobre amor e fé no sentido de confortá-lo suavemente após o contato com seu Guia Espiritual. Mentalize de forma a refletir sobre seu caminho atual e o caminho que deseja percorrer; que seja pautado no desafio de se automelhorar a cada amanhecer, dotando seu coração de amor, perdão, compaixão e fraternidade, alimentado pela fé e pela energia do seu Guia Espiritual que encontra-se ao seu lado nesta nova forma de ver e viver sua vida, suas escolhas e suas conquistas. Você vai se sentir forte e protegido!

A força que determina o impulso que devo tomar vem da certeza de que meu caminho está sendo orientado pela energia suprema de meus Guias Espirituais. De fato, é um sentimento absoluto latente em minha vida a crença na caminhada coletiva pela qual estamos trilhando. Em algum tempo remoto, estive conduzindo minha jornada sem a presença real de suas forças. Entretanto, ainda que estivessem participando do meu processo de amadurecimento espiritual, não podiam concorrer com meu livre-arbítrio atuando severamente em minhas escolhas. O fato é que sabemos a necessidade de nos regenerar continuamente e buscar uma forma de vida mais coerente com o que desejamos construir enquanto indivíduo ativo em uma sociedade caótica e refletida de injustiças, preconceitos e desamor. O caminho é longo em uma sociedade que denota divergentes formas de convívio social. Cabe, também, colocar sob observação que há muitas pessoas engajadas por um mundo melhor e menos envolto de diferenças que transijam a intolerância, o racismo, o sexismo, a corrupção e a manutenção das desigualdades sociais discrepantes. Neste paralelo de sistemas que transitam entre o bem e o mal, há uma infinidade de espíritos que carregam a destreza de corroborar com a paz e o desenvolvimento da humanidade sabotados muitas vezes pelos demais espíritos que, assim como determinados seres encarnados, atuam com ignomínia peculiar para obstruir a felicidade e a união entre os povos.

Assim, meu querido, há algumas decisões importantes a serem tomadas quando você escolhe seguir um caminho alimentado pela fé e constituído de perseverança e gratidão. Há momentos que o mundo ao seu redor desaba e você deve estar firme em seu propósito de vida, baseado pela fé e pela força consolidada que seus Guias Espirituais emanam ao seu redor. Esta consciência espiritual deve estar em constante desenvolvimento e vigília, para que você não se deixe furtar pelas perdas aparentes e dificuldades naturais que cercam seu dia a dia; impondo mais firmeza no seu propósito, fé na sua caminhada e energia no seu campo espiritual. Seu Guia Espiritual está atento aos percalços que farão parte de sua vida para seu amadurecimento e fortalecimento da confiança em Deus e da força espiritual que atua constantemente a seu favor levando-o à vitória. Siga em frente e o tempo trará a resposta que você deseja favoravelmente. Creia, ore e continue seu trabalho voltado para sua evolução espiritual. O acolhimento necessário virá no momento exato de seu merecimento.

Meu caro leitor, quero falar um pouco sobre minha experiência com meus Guias Espirituais. Eles me acompanham a todo o momento e nossa conexão é forte o bastante para que eu perceba suas influências em minha vida, nas respostas aos meus questionamentos e, principalmente, na aprendizagem que venho obtendo desde o momento em que decidi me dedicar à minha mediunidade e ao meu desenvolvimento espiritual. Incluí em minha rotina diária como base solidificadora da minha fé, o estudo de livros espíritas entre outros, as orações como forma de "religar" meu corpo físico ao mundo espiritual, as meditações como base para meu autoconhecimento e equilíbrio conjunto entre o corpo e a mente. E por fim, porém, não menos importante, as "conversas" com meus Guias Espirituais intuitivamente como um canal contínuo de comunicação e orientação de vida e de amor. Isto tudo mudou definitivamente minha forma de ver o mundo e de perceber minha conexão com a imaterialidade e o depósito da fé como um caminho sólido de construção de um novo ser dentro de mim mesma e para o mundo o qual eu habito.

Quero registrar que a comunicação realizada com seus Guias Espirituais é um componente que liga você à sua intuição e ao seu aprimoramento espiritual. De certo que o envolvimento no campo espiritual requer auxílio demasiado do seu processo mediúnico em desenvolvimento, bem como pautado em constantes meditações e estudos acerca da espiritualidade, espiritismo e os mecanismos que inferem neste processo de comunicação extrassensorial. Não obstante a estes fatores determinantes ao seu aprimoramento interrelacional, faz-se mister compreender qual direcionamento seguir quando se busca um elo de comunicação mediúnica com seus próprios Guias. Cabe a você, meu caro, um entendimento desta relação que só deve ser acessada à base do amor e da fé. Não cabe observar uma linha de intercomunicação que vislumbre aspectos relativos ao desenvolvimento pessoal que não permita corroborar com o despertar de uma nova forma de conduzir sua vida, com entendimento de valores pautados nos aspectos éticos, morais e sociais como forma de uma nova condução de vida humana.

Sempre tive receio de buscar esta compreensão antes do momento oportuno ao meu desenvolvimento enquanto cidadã que se identifica com as dores e necessidades alheias como forma de buscar uma sensibilidade acerca da humanidade, principalmente, às pessoas em condição de vulnerabilidade ou exclusão social. Não há um modelo específico que incorpore sua forma de conduzir o processo de comunicação com seus Guias Espirituais, entretanto, meu querido, quero fortalecer a importância de seus pensamentos e desenvolvimento humano como formas de agregar valores morais ao canal vibratório exigido para tal processo. Cada um conhece sobre si e pode recorrer ao seu íntimo no sentido de verificar qual processo de melhoria humana melhor se adapta ao seu conteúdo espiritual, no que tange o conhecimento pautado nas referências da Doutrina Espírita sobre fraternidade, comunhão, caridade e fé, embalado pelo amor.

Sendo capaz de falar abertamente sobre minha relação com meus Guias Espirituais, preciso destrinchar as fronteiras do meu amor e minha percepção sobre cuidado e observação comportamental à frente das mudanças que se desejam ocorrer. Meus Guias servem como um canal motivacional que me impulsionam a buscar um novo jeito de fazer o que eu acredito ser importante como pessoa física. Agora, dotada de consciência acerca da espiritualidade e do mundo composto por estes entes espirituais que nos cercam continuamente, busco agregar em minha identidade concepções de valores morais não antes observados por mim como condição precípua ao meu aprimoramento espiritual. Nesta conceituação, uso como referência as leituras como embasamento teórico-prático ao meu dia a dia, de certo que o erro é um aspecto concorrente em minha trajetória da vida humana, que procuro reavaliar como um novo desafio ao autoconhecimento e disciplina comportamental impulsionando novos caminhos ou direções a seguir. É um constante processo retroalimentador do meu ser em comunhão com meu desejo de aprimoramento e minha essência humana factível às falhas. Assim, todo dia é um novo processo amanhecendo em minha vida com o despertar do sol instaurando questões não correspondidas ao meu ego imaturo e frágil, medos absortos em minha mente fugitiva e, também, atitudes corajosas impulsionadas pela minha fé em Deus e pelo amor depositados em mim pelos meus Guias Espirituais.

Cabe aqui relatar nesta proposição de comunicação com seus Guias Espirituais que o tão sonhado metafórico "mundo cor de rosa" não existe aqui neste mundo de provas e de espíritos errantes. Há um exercício contínuo de busca pela corrente fortalecedora de novos caminhos a percorrer que o levarão a mundos mais adiantados em espíritos de luz. De certa forma, cabe-nos buscar este insigne desejo de mudança com o propósito de acessar tão sonhados lugares dotados de amor e de luz. A estrada é longa, mas o caminho deve ser percorrido com perseverança e confiança em um novo instaurar humano. Esta é somente uma observação pelas dores e causas observadas a todo instante do que vemos ocorrer nas sociedades em evolução constantemente. Outrossim, nosso Planeta tem presenciado constantes práticas de amor ao próximo; há em determinados grupos a preocupação com a moralidade e com o desenvolvimento de melhores iniciativas sociais, buscando justiça e igualdade de gênero, assim como o avanço da tecnologia e da ciência com vistas a um mundo melhor e mais global, na busca pela cura das doenças e a descoberta de novos rumos a seguir.

Mais a fundo em meu coração e expondo um pouco mais sobre esta relação de amor entre mim e meus Guias Espirituais, desperto o interesse em compreensão sobre sua vida e seus processos preexistentes de dor e aprisionamento, pelos quais eu também passei muitas vezes. Lendo meus relatos, às vezes eu mesma me questiono como cheguei até aqui, escrevendo este livro, com a capacidade de demonstrar minhas fragilidades, perdas e sofrimento, de um lado; porém, amor, fé e gratidão, de outro tão mais forte e presente em minha convicção humana. Assim, meu companheiro, trago a você neste instante a informação de que minha vida não foi somente alegria e nem vitórias. Estive assombrada por medos e causas materiais e humanas que me corromperam a identidade enquanto mulher, a força enquanto trabalhadora e a energia vital enquanto humana; passei momentos de fome, estive sem emprego e sofri violência física e moral. Mas, sobrevivi tão fortemente a estas questões que os algozes do meu caminho se tornaram meus aliados invisíveis fortalecendo minha fé e meu sentido desejo de transformação humana e justiça Divina. Em muitos destes momentos, cheguei a desfalecer incrédula pelo sofrimento, mas, é como se algo imaterial me absorvesse de maneira tão presente e forte, dotando-me de energia brusca em atitudes suaves, resplandecendo o dia seguinte com sorrisos largos no rosto, certeza do caminho da vitória e proteção espiritual presente carregando-me literalmente no colo quando meu corpo sozinho não conseguia caminhar pelo espaço vazio e escuro da minha mente.

Recordo-me, em um dado instante de minha vida, em torno dos meus 28 anos, as palavras ouvidas de uma outra amiga. Após trabalharmos juntas por 1 ano em uma empresa situada a 100 km da minha cidade de residência naquele momento, a convidei para morar em minha casa por um período de 3 ou 4 meses para assumir um novo trabalho que eu havia conseguido para ela, tão logo quando ela perdera o então emprego naquela empresa. Enfim, seus pais eram espíritas e, juntamente com eles, ela participava nos finais de semana de reuniões mediúnicas na sua cidade a cerca de 100 Km da minha; ela sempre me dizia, geralmente nas segundas-feiras pós reunião, assim que chegava do trabalho:

"- *Seu pai mandou dizer que está sempre do seu lado.*"

Naquela época, como já supramencionado, minha maior experiência havia sido aos 16 anos verdadeiramente como médium, além de algumas vezes como frequentadora eventual para passes mediúnicos, como exemplo já citado quando eu tinha 26 anos. Eu estava vivendo um período de tanto trabalho que eu não priorizava qualquer religião. De certo que sempre me denominei espírita, pela minha crença na reencarnação, mas ainda não tinha respondido ao "chamado" da espiritualidade até então. Sobre a referência deste Espírito tão carinhoso e que revelara cuidados comigo, eu jamais procurei me aprofundar sobre esta ligação com minha vida até o momento. Mas, deixo explícito meu respeito e gratidão por este Espírito, e, tenho a clareza de que ele ainda deve me acompanhar.

No decorrer destes escritos, minhas lembranças se fortalecem no sentido de deixar registradas algumas experiências vivenciadas com o mundo espiritual, como forma de comprovar que a existência de um canal protetor em minha vida sempre foi frequente, ainda que eu não tenha me dado conta no exato momento destes encontros, considerados hoje, propulsores de minha determinante atuação como médium e humilde estudiosa do espiritismo.

Algumas experiências relatadas neste livro foram realizadas com a orientação de meus Guias Espirituais, incluindo a iniciativa de escrever sobre esta relação no sentido de oferecer subsídios reais que mostram a ligação existente entre mim e meus Guias Espirituais como forma de demonstrar a você que esta relação pode ser também experimentada por você. Este é o meu objetivo com esta obra! Levá-lo a questionar sua fé, a amadurecer sua relação espiritual e a propor um processo evolutivo embasado nos estudos da Doutrina Espírita como fonte mantenedora do conhecimento acerca de Jesus e de Deus, assim como dos Espíritos de Elevação como orientadores de um melhor caminho de vida e de desenvolvimento para toda a humanidade, agora e para sempre.

Conhecer a fundo os caminhos percorridos por Jesus, o maior Guia da humanidade, nos traz amadurecimento como indivíduo, principalmente, as passagens relatadas por seus apóstolos, homens que viveram em períodos difíceis da humanidade, embora demonstrassem personalidades distintas, foram firmes no propósito de pregar o evangelho por toda "face da Terra". De certo que estamos distantes deste caminho de luz, entretanto, devemos ampliar nossa vibração energética no sentido de aprimoramento como indivíduo e buscar o desenvolvimento dos ensinamentos dos propósitos de Deus, de maneira convicta e perseverante. O caminho mais seguro e confiante que nos direciona ao encontro com as maravilhas do Universo, com nosso eu sujeito a transformação e com a base sólida em Deus é, sem sombra de dúvida, o amor: indistinto, solidário e fraternal.

9

MANTENHA-SE EM ORAÇÃO E
DEMONSTRE SEMPRE SUA GRATIDÃO

NESTE CAPÍTULO VAMOS DISCORRER sobre a importância da oração como elemento essencial à vida, capaz de transformar nosso corpo, curar nossas dores e fortalecer nosso espírito. É uma fonte de magnetismo essencial para substanciar nossa relação com Deus, encorajando-nos à tomada de decisões que elevem nosso caráter moral, orientando-nos a buscar o caminho do bem com vistas a empoderar-nos de confiança para o alcance de nossos propósitos de vida.

Faz-se mister elevar o pensamento e buscar conscientemente de todo o nosso coração o desejo real de transformação a ser concedido pela prece. A oração é um elemento essencial ao caminho de luz e de libertação. Cabe a cada um de nós, no exercício de nossas necessidades embaladas pela fé e pelo amor, rendermos graças a Deus e proliferarmos em oração as marcas que a vida nos delegou e os reais sentidos de busca que nos levem à mudança de atitudes, ora quando falhamos, ou à soberania do amor em face à crença em Deus, ora quando nosso coração encontra-se repleto e preenchido de esperança e revigorado pelas conquistas em vida.

Desta forma, seja um exímio orador em causa alheia, abstenha-se de seus profícuos prazeres banais e busque solidarizar-se com as causas da humanidade como um ensejo fortalecedor de sua resignação, paciência e indulgência no ato de orar.

É determinante compreender que a prece como instrumento de elevação espiritual pode ser realizada de forma secreta, indo você ao encontro consigo mesmo, no jardim oculto de seu coração, movido pelo seu pensamento em comunhão com o amor de Deus e no uso de suas faculdades mentais, intelecto-morais, físicas e humanas. Assim, cabe ao pensamento, elo fundamental do espírito com o corpo físico, dispor de boas energias vibrando em comunhão com a busca por melhores práticas de vida, de forma a compreender que a humildade é um caminho essencial à redenção e ao aprimoramento espiritual.

Meu caro, desejo que você procure encontrar dentro de sua própria energia e magnetismo espiritual a melhor forma de contatar seu eu interior, com a força mental de seu pensamento substanciado pelo amor e embalado pela fé, estes como insígnias fortalecedoras da prece no momento oportuno de sua oração. E que, cada momento preparado por você ao encontro com Deus em oração o leve a conjugar suas dores e frustrações a fim de fortalecer a fé que se faz premente quando tudo parece perdido; desta forma, a oração o coloca em constante vibração com a Espiritualidade Maior, sempre que esta for direcionada pelo amor e feita de coração.

Outrossim, desejo discorrer sobre fatores que conduzem momentos de oração como determinantes desta ou daquela fé, compreendida pelo caráter obsessivo ao fanatismo da crença, onde a prece é realizada com sábias palavras, por metáforas bíblicas ou religiosas, mas que não busquem o encontro com a sinceridade causal do corpo que a dirige, muito menos do espírito que a emana por pensamento. Cabe então questionar este movimento apenas como ato de exprimir a comunicação oratória simplesmente por dever ou obediência.

Sobre a oração, os Espíritos dizem sempre: "*A forma nada vale, o pensamento é tudo. Ore, pois, cada um segundo suas convicções e de maneira que mais o toque. Um bom pensamento vale mais do que grande número de palavras com as quais nada tenha o coração."* (*Kardec*, 2006).

A prece quando realizada entre duas ou mais pessoas provoca uma sinergia positiva elevando a comunicação sensitiva a lugares no tempo e no espaço com vibrações emanadas para o fortalecimento da fé e, por conseguinte, do amor.

Há de se questionar acerca das orações preexistentes como instrumentos religiosos capazes de despertar a prescrição da fé? De fato, a concorrente questão nos traz um testemunho que denota o alimento do corpo e do espírito através do caráter religioso, assim, estas previamente prescritas sugerem a comunicação entre os mundos físico e o espiritual, sendo, em suma, relevante a utilização de tal feito, sobretudo, se emanadas de coração.

A forma de elevar seu pensamento a Deus já depõe um simples mecanismo de prece como insurgência da devoção e do amor ao sentido absoluto da vida. Cabe relacionar a fé como caminho preciso que conduz o indivíduo ao encontro com a essência Divina, quer seja fortalecendo sua trajetória no mundo físico, quer seja conduzindo-o a processos de desenvolvimento do espírito.

Levando-o a compreender a oração como elemento essencial ao desenvolvimento espiritual, compartilho que minha forma de utilizar a comunicação espiritual para meu próprio desenvolvimento, bem como para o auxílio de terceiros, inicia-se com base sólida aos estudos espíritas e pautada em momentos de reflexão, oração e prece. Isto significa dizer que elevo meu pensamento em comunhão a Deus e aos Espíritos de Elevação, meus Guias e Mentores Espirituais, no sentido de ampliar minha energia dotada de magnetismo cósmico e fortalecer a atuação específica no momento de doação ou de transferência de energia. Assim, acredito ser a prece um sólido reflexo de comungar com a essência espiritual e preencher o vazio do meu corpo físico com resignação, amor e fé.

Há momentos em nossa trajetória que o despertar pela oração se torna a fuga necessária em alimento do corpo dotado de tormentos, sofrimento e dor. A prece surge de maneira inopinada levando-nos à elevação moral e se coloca como condicionante ao socorro exato para a cura e o restabelecimento do equilíbrio psicossocial e espiritual. Este mecanismo nos conduz ao essencial à vida: a fé em Deus, pura e irrestrita!

Assim como, o silêncio, o vazio absoluto, a calmaria, a tranquilidade, a meditação, podem ser compreendidos como uma prece no exato sentido de você ser tocado pela necessidade de reflexão e se conduzir intimamente ao seu eu como forma de reconduzir seus pensamentos ao encontro com Deus.

Há diversas formas de incitar a oração. De certo, que cada um de nós sabe a maneira mais apropriada do nosso corpo recorrer ao pensamento com objetivo de verbalizar ou internalizar a prece. A motivação como elo de pertencimento ao mundo extrafísico através do contato em prece com os Espíritos de Elevação nos faculta a manter acesa a chama da comunicação espiritual. Então, podemos compreender que a prece é um momento essencial ao encontro de nossas crenças, elaborada pelo pensamento, e não necessariamente vinculada ao sofrimento. Mas, sobretudo, como manutenção do corpo e do espírito na comunhão com a fé e a gratidão.

O sentimento emanado quando oramos é fundamental para o auxílio que recorremos, sobretudo, quando a gratidão referencia nosso desejo de reconhecer que a vida é uma grande oportunidade de busca e melhoria espiritual nos depondo como agentes obedientes e fartos de amor. Certamente a prece terá uma fluidez natural e objetiva.

Cabe aqui, também, meu caro, prescrever a gratidão como essência do ser em desenvolvimento

117

contínuo e permanente. Assim, atuante e compreensivo, o indivíduo que é capaz de reconhecer tudo que o conduziu até o momento presente, sendo grato aos caminhos de amor construídos e aos atalhos recorridos em função da dor, se mostra coerente com os ensinamentos de Deus. Conforme *Xavier* (1982), através do artigo publicado em *"Reformador"* (*FEB*, 2016), *"a dor é um constante convite da vida a fim de que aceitemos uma entrevista com Deus."*

Falar de gratidão é muito importante para todos. Usar esse sentimento continuamente é fundamental para a vida e sua evolução. Ter atitude de gratidão pode ser considerada grande virtude, tal como a humildade e a indulgência. O fato de demonstrar gratidão fortalece o caráter moral do indivíduo e, portanto, denota que a força suprema se coloca presente em sua maneira de conduzir a vida.

Entretanto, sabemos que para muita gente esta discussão não parece ser matéria simples! Neste contexto, cabe um "parênteses" sobre a ingratidão como reflexão aos dias porvir. Há pessoas muito reativas, com muitas queixas e inconstantes no modo de agir. Pessoas que reclamam de tudo, que não se satisfazem por nada, que não conseguem enxergar a beleza da vida e que fazem de suas conquistas um mero direito adquirido através do orgulho e do ego preenchido.

Como assim? Não ser capaz de perceber que todas as coisas colocadas ao nosso dispor durante toda a nossa trajetória de vida foram sumariamente entregue-nos por Deus, através de seu sublime amor e disponível para utilizarmos como bem entendermos. Ora, não perceber o raiar do sol resplandecente, a luz baça do luar romantizando até as noites ínfimas, as águas disponíveis como fonte de vida que desaguam em rios de água doce matando nossa sede e como mares abundantes saciando e renovando nosso equilíbrio, bem como as chuvas tórridas em favor das secas do árido sertão; tudo isso tão colorido como natureza, tão quanto o amor que provém de Deus para todas as coisas acima e abaixo, perto e longe, dentro e fora, simples e complexo, mas, que compreendem o tempo-espaço constante do infinito Universo disponível para nós. Seria, no mínimo, mal-educado não reconhecer a soberania do Universo disponível ao nosso ser, fruto da concepção criativa de Deus.

Gostaria de levá-lo a refletir sobre gratidão. Levá-lo a compor seu corpo e seu espírito com a mais bela sinfonia do Universo denominada natureza: vida! Cabe-nos, como indivíduo buscar a gratidão como uma grande oportunidade de melhoria espiritual. Assim, caro leitor, agradecer pela vida, pela prova e expiação, pela missão confiada, pela recondução de nosso espírito ao mundo enquanto matéria é uma forma de alcançar caminhos melhores a cada nova oportunidade. De certo que sempre haverá barreiras a serem vencidas, como: o orgulho, o egoísmo, a inveja, a maledicência e tantos vícios que precisam ser extirpados de nossa vida. Porém, há ainda, virtudes que podem nos conduzir a direções melhores e mais salutares, como: a humildade, a resiliência, a solidariedade, o perdão e, sobretudo, o amor.

A gratidão nos conduz por estradas mais leves, com sorrisos mais largos, trazendo-nos uma memória afetiva e impondo-nos a percorrer pelas veredas do sofrimento isentos de mágoa e ressentimento, bem como levando-nos a caminhos de amor e fraternidade com mais liberdade e comunhão a Deus.

10

DEUS E O UNIVERSO

A CRIAÇÃO DO UNIVERSO É A MAIS BELA de todas as coisas que o homem pôde receber das "mãos" do Criador. Deus, o ente absoluto que proporcionou às suas obras a condição de percorrerem infinitamente pelos bilhões de anos, antes e depois, do passado ao futuro, até o infinito, como prova de seu amor. É composição exclusiva de Deus esse Universo ao qual todos nós habitamos. De certo que há mundos infinitos constantes do todo universal como prescrito nas escrituras sagradas de Moisés e substanciado por Jesus, o Salvador de todos os tempos.

Deus, pai celestial e de amor, condicionou ao Universo o desenvolvimento subsequente de todos os seres e espécies distribuídos nos reinos mineral, vegetal e animal. A diferença básica entre os três reinos se destaca pela observância da ausência ou presença da vida, onde, por um lado há o caráter bruto ou inorgânico dos seres que constituem o reino mineral, e por outro, os seres vivos ou orgânicos que compõem os reinos vegetal e animal.

Outrossim, os reinos mineral e vegetal são constituídos por matéria inerte possuindo apenas força mecânica, embora as vegetações possuam fisiologia específica e vitalidade, não possuem consciência. Ainda, conforme postulado por *Kardec* (2006) em "*O Livro dos Espíritos*", acerca da divisão da Natureza, do ponto de vista material há apenas seres orgânicos e inorgânicos, entretanto, do ponto de vista moral existem os seguintes graus que compõem os três reinos: minerais, vegetais, animais e a espécie humana. O reino hominal é constante do animal; sendo o homem dotado de inteligência e racionalidade e nos animais basicamente prevalece o instinto.

O ser humano é constituído de maneira essencial em sua formação pelo corpo físico ou matéria, pelo espírito ou alma quando encarnado em um corpo físico e, ainda, pelo perispírito, este de substância semimaterial como primeiro envoltório do espírito capaz de ligar a alma ao corpo. Assim, em unicidade experimental, buscam o desenvolvimento como consequência de suas existências ao longo das sucessivas encarnações tendo como fase inicial a inteligência cósmica, a base de toda criação universal.

Podemos compreender que as forças que regem o Universo criado por Deus podem ser explicadas pelas leis científicas da física e química, no que tangem os fenômenos da Natureza constantes destas que, embora constituam explicações acerca dos comportamentos e reações dos sistemas físico-químicos sobre o mecanismo de automatismo, equilíbrio e manutenção da matéria, energia, luz, força, onda e magnetismo, entre outros, estão submetidos a uma lei maior universal.

Deus, da maneira como o conhecemos, é a essência criativa de todas as coisas, a divindade absoluta. O Criador traz em sua condição de pai celestial, a onipotência, a onipresença e a onisciência e através de sua criação define sua supremacia com a materialidade, a imortalidade do espírito e a natureza progressiva do Universo. Assim, Deus nos conduz ao infinito espaço-tempo e à condição ilimitada de existência.

Meu caro, desejo levá-lo a sentir a presença de Deus em sua vida, de forma irrestrita e condição inabalável. Tal qual como descrever a presença de Jesus na Terra deixando-nos princípios básicos de desenvolvimento como a compreensão de que todas as coisas têm seu tempo certo para evoluir, umas em um grau mais adiantado que outras, consoante ao espírito que atravessa sua existência habitando sucessivas vidas na busca efetiva pela superioridade moral, psicossocial e espiritual, sendo a caridade, a fraternidade e o amor condições precípuas para tal desenvolvimento ulterior.

Desta maneira, o amor de Deus transborda nossa capacidade de perceber que a maior caridade que poderíamos fazer, como a primeira causa de todo o processo evolutivo, seria a gratidão a Ele por tudo que nos concedeu desde o início de todas as coisas, até a infinidade do espaço-tempo, demonstrando-nos que sua proposta é ascendente para cada um de nós. Portanto, não haveria forma mais condizente de demonstrar seu amor por tudo que criara.

O fato é que mal observamos ao nosso redor tudo que se transcorre frente aos nossos olhos, de maneira simples e factível aos nossos sentidos. Portanto, vencer nossas limitações não parece ser fácil, sendo o limite para nossas buscas muitas vezes metaforicamente a "esquina dobrada à direita" onde nosso ego compreende ser nosso alcance principal de atuação. Assim, o que é infinito, por orgulho e vaidade, torna-se limitado e restrito às nossas paixões, vicissitudes e ao nosso corpo físico incapaz de perceber a infinidade do espírito ao qual ele próprio pertence. De fato, fica mais difícil compreender o Universo como a morada infinita de todas as existências ilimitadas até o alcance final e exceptivo da evolução quando nossa mente não suporta a condição de desenvolvimento intelecto-moral disponível ao espírito.

Como seres capazes de estar em constante desenvolvimento, oriundos da inteligência primeira ou princípio inteligente, devemos volver nosso pensamento ao seio espiritual. E perceber que cada canal vibratório em energia e luz nos conduz à extrema sabedoria infinita do Universo que determina nossa condição de desenvolvimento, ora em corpo, ora em espírito, sendo absolutamente inferente ao nosso organismo a compreensão existencial dos mundos físico e espiritual, que compõem o todo universal.

Segundo *Kardec*, 2006, em *"A Gênese"*: *"Sendo Deus a essência divina por excelência, unicamente os Espíritos que atingiram o mais alto grau de desmaterialização o podem perceber. Pelo fato de não o verem, não se segue que os Espíritos imperfeitos estejam mais distantes dele do que os outros; esses Espíritos, como os demais, como todos os seres da Natureza, se encontram mergulhados no fluido divino, do mesmo modo que nós o estamos na luz. O que há é que as imperfeições daqueles Espíritos são vapores que os impedem de vê-lo. Quando o nevoeiro se dissipar, vê-lo-ão resplandecer. Para isso, não é preciso subir, nem procurá-lo nas profundezas do infinito.*

Desimpedida a visão espiritual das belidas que os obscureciam, eles o verão de todo lugar onde se achem, mesmo da Terra, porquanto Deus está em toda parte."

Deus, o Criador, pai de todos os seres e arquiteto do Universo, nossa morada; nos colocou como constituintes de sua criação e nos deu o direito de percorrermos desde a formação inicial como Princípio Inteligente até o progresso absoluto como Espírito Puro, cabendo-nos, desta forma, buscarmos caminhos infinitos para a constante evolução.

O Universo conspira algumas teorias sobre sua formação. Há, cientificamente comprovações de que este mesmo Universo, que para nós que além de crermos em Deus e em sua criação cremos também na evolução; para os materialistas esta mesma formação se originou a partir de uma grande explosão denominada "Big Bang". Há uma discordância teórica que assola os materialistas, os criacionistas e os evolucionistas. Assim, a física, a metafísica e a dialética se "digladiam" na busca por uma comprovação científica que compreenda a criação do Universo, sua origem e sua consequência. A Teoria do Big Bang considera que a expansão do Universo se deu após a grande explosão; onde partindo do ponto considerado zero, a esfera então minúscula e extremamente quente e densa, sofre a explosão causando a diminuição da temperatura da radiação. Assim, após o Big Bang, os fragmentos advindos da grande explosão formaram os planetas e corpos celestes dando origem ao Universo que encontra-se ainda hoje em expansão.

Ainda, de acordo com *Silva Jr.* (2018) na teoria apresentada pelo espírito de *Galileu Galilei* em *"A Gênese"* *(Kardec, 2006), onde "Galileu colocou Deus como elemento essencial, fundamental no processo de Criação Universal."*

E, mais, sobre a Criação dos Mundos, de acordo com *"O Livro dos Espíritos"*, *Kardec* (2006) retrata que *"o próprio Universo não pode ter-se feito a si mesmo"*; *"Deus é a Inteligência Suprema do Universo"*; assim, pois, Ele é *"a causa primária de todas as coisas"*.

"Antes da criação de tudo no Universo, já existia algo racional: Deus." (Silva Jr., 2018)

11

LAÇOS DE AMOR QUE A VIDA ME PRESENTEOU

ESTE LIVRO AO LONGO DE SUA composição vem demonstrando o quanto o amor é a insígnia construtora das relações, como elo substancial ao desenvolvimento moral e, por conseguinte, ao progresso espiritual. Fato se deve prescrever que a própria concepção da vida, à priori, antes e ao longo de seu desenvolvimento intrauterino, se confirma com enlaces consoantes ao amor.

Desta maneira, meu caro, discorro aqui algumas inferências ao amor que me foi concedido por Deus através do presente da maternidade. Poeticamente falando a maternidade compõe uma linda sinfonia de vida; independente de quaisquer circunstâncias que levaram à concepção daquele "serzinho", especialmente amado, ainda como fluido até seu nascimento, sua vida se transforma para sempre para melhor! A obra desta convicção sobre o amor como mecanismo complexo entre seres que se completam por missão, ou que se unem para prova e expiação, nos denota compreender que sem o elo do amor como impulso orgânico não seria possível nosso desenvolvimento como indivíduo. Assim, o amor em metáfora, se perpetua como uma pérola que irradia sua beleza conquistando a todos que enxergam através da magia de sua natureza; desde sua formação embriônica até a produção de joias raras capazes de sucumbir de inveja a qualquer um que não sinta a essência do amor como progressão natural da vida, e, portanto, que não possua a capacidade de amar.

Quero, aqui, meu caro leitor, levá-lo a compreender que o amor é instintivamente capaz de mudar sua vida. Se comporta como um estímulo ao seu próprio desenvolvimento, tendo em vista que através deste sentimento o mundo pode ser visivelmente mais feliz, com desejos de realização incitados pela harmonia que o amor provoca em sua alma quando se determina uma escolha a fazer. Assim, meu querido, procure seu lado afetivo como essência tornando-se mais leve, mais intuitivo e mais benevolente com o próximo. O amor verdadeiro provoca uma síntese explosiva de magnetismos fluídicos capaz de influir nas decisões mais plausíveis em seus projetos de vida em construção.

Rendendo-me aqui ao meu amor materno; quero demonstrar minha gratidão a Deus pelas vidas de Luíza e

Gabriel, por confiar-me estes espíritos que ao longo de suas existências me ajudam a construir um caminho evolutivo mais confiante. De certo que a tarefa de perpetuar sua espécie como ser, independentemente de qualquer dogma religioso, nos denota um sentido de perseverança e de responsabilidade com o mundo no qual desejamos que nossos filhos cresçam. Indistintamente, cabe-nos, meramente por caráter social buscar colaborar com a construção e manutenção de um mundo melhor para que as gerações futuras possam usufruir de padrões naturais, científicos e tecnológicos mais elaborados, como consequência, melhorando sua condição de convivência social durante sua vida. Pensando assim, nossos eixos harmônicos psicossociais e morais, que nos levam à compreensão de uma sociedade mais justa, com valores éticos e morais equilibrados, combinam perfeitamente com o mundo pelo qual seu desejo materno propõe, ainda que inconscientemente. Nada mais significa compreender do que a própria evolução se consolidando com o decorrer do ciclo da vida. Como mãe, procuro entender quais caminhos me levam a constituir melhor direção no encaminhamento da vida de meus filhos, respeitando nossas diferenças, e facultando-lhes as suas próprias escolhas de vida como constantes de seu desenvolvimento confiado a mim, orientando-os incondicionalmente da melhor maneira através do amor. Isto não é tarefa fácil!

Momentos de reflexão nos levam a buscar o entendimento sobre as relações familiares; segundo meu ponto de vista, pela minha experiência e avaliando meus erros e acertos durante esta linha tênue de vida que me une a dois seres distintos e repletos de questionamentos todos os dias de nossos encontros até o momento presente. Acredito na educação como mola propulsora de uma sociedade mais equânime, que advém, sobretudo, do lar de cada indivíduo até sua independência ou autonomia de vida, em constante comunicação com a sociedade que constrói valores diversos através de suas instâncias representativas – escola, instituições religiosas, organizações e grupos sociais etc –, e com muito mais vigor e pertencimento, as redes sociais, a mídia e a internet como formadoras de opinião; sendo esta relação complexa e naturalmente reguladora da vida social, porém, há um limiar entre o que a sociedade preconiza e o que o indivíduo preceitua como diretriz para sua organização de vida, refletindo na família como primeira instância de amor e relacionamento humano ao ser pertencente à ela, mas, não somente e exclusivamente. O todo social complexo compõe a formação do indivíduo, portanto, retornamos aqui para a necessidade da compreensão de um mundo melhor através de nossa contribuição à essa "pseudoformação". Não por ideologia, mas, por necessidade de renovação constante de ideias que acompanhem o desenvolvimento do Universo de forma a contribuir com a acepção ascendente do espírito, alma e corpo, em suas encarnações, embaladas pelo amor, pela moral e pela comunhão coletiva que preconize o bem, a caridade, a indulgência, a fraternidade e o perdão, acima de tudo.

O amor fraterno é capaz de surpreender com causas absortas que nos levam à compreensão da vida em desenvolvimento, de forma a deixar claro que acima de qualquer virtude o amor é o seu maior pretexto. Assim, o amor é benfazejo, é capaz de perdoar, se coloca no lugar de terceiros e deixa livre a indulgência agir, é natural, portanto, sublime à essência primeira. Este amor, é o encorajador da alma em busca pela construção de melhores caminhos de vida, seguindo por direções que sejam capazes de agregar com novas experiências, por meio de relacionamentos pautados no respeito; quer sejam eles de cunho afetivo, social ou profissional, mas que sirvam como mecanismos retroalimentadores do corpo e do espírito ora constituído.

Uma destas formas de amor me presenteou com um grande encontro de almas. Muitas dores e buscas me conduziram até a efetiva harmonia sentimental em um relacionamento entre homem e mulher. Nesta contextualização, surgiu a grande e maior experiência de amor em minha trajetória de vida, tornando meus dias mais coloridos, as barreiras menos árduas e, com certeza, as conquistas com um sabor de vitória em consonância ao amor de Deus e promovendo a comunhão espiritual de nossas almas. Desde o dia de nosso encontro, até a presente data, do passado até o infinito, sinto um cheiro bom de alecrim, um gosto saboroso de frutas vermelhas e uma cama macia de pétalas de rosas brancas, assim, seguimos juntos nossa missão, eu e ele, Alberto Lobo, meu esposo. Sobretudo, ele tem me incentivado sempre ao desenvolvimento espiritual, acolhido minhas ideias e participado conjuntamente dos estudos espíritas como ensinamento contínuo à nossa singular trajetória de vida e evolução juntos.

Meu caro, durante este processo todo de amor que fui construindo em minha trajetória, ora composto por frustrações afetivas e de relacionamentos por minha própria escolha indevida, ora repleto de significância e completo em sua acepção, quer seja como mãe, como filha, ou como esposa, tenho a plena convicção que meus Guias Espirituais estiveram presentes em todos os momentos. E desta forma, ao ouvir minha intuição, ao dar vazão ao meu pensamento consciente e a deixar me envolver pelo amor transcorrido destas histórias reais de felicidade e cumplicidade, fui trazida até aqui pelos meus Guias Espirituais, completa, com subserviência a Deus, com fé resiliente e com gratidão a estes mesmos Guias que conduzem minha vida com tanto cuidado e respeito às minhas escolhas.

Estes foram meus melhores encontros de vida: Luíza, Gabriel e Alberto Lobo, muito obrigada por tudo sempre!

12

MEUS GUIAS ESPIRITUAIS PRESENTES!

INICIAR ESTE CAPÍTULO FALANDO sobre meus Guias Espirituais me traz uma grande responsabilidade como médium. Como indivíduo que procura a compreensão da vida me sinto motivada pela descoberta do Espiritismo enquanto doutrina orientadora do processo de evolução espiritual. De certo que sempre mantive uma crença sobre a existência de espíritos, principalmente, no que tange à reencarnação. Ao longo de minha vida, minha mediunidade tem sido fortalecida pela minha fé e pelo conhecimento da Doutrina Espírita. Tudo isto se consolidando através de meus Guias Espirituais.

Meu desejo absoluto com este livro é levá-lo a buscar os liames entre seu Guia Espiritual e sua vida. Levá-lo a compreender as manifestações sugeridas por ele, quer sejam nas comunicações intuitivas, bem como pelos pensamentos recorrentes em orientação ao caminho que você pode tomar levando-o ao desenvolvimento intelecto-moral e a progressão espiritual; como desta mesma forma percebo também o meu caminho.

Meus Guias Espirituais estão ao meu lado a todo instante de minha vida e sempre estiveram comigo embora no início de tudo eu não os sentisse ou eles não se deixassem fazer presentes, como o fazem atualmente e de um tempo para cá. O fato é que conduzir minha vida com a colaboração de meus Guias Espirituais me deixa muito grata a Deus e a cada um deles, pois, tenho a sensação de que venho fazendo uma reforma íntima desde o momento que me descobri médium em desenvolvimento. Não bastasse sentir minhas faculdades mediúnicas aflorarem ante meu corpo sólido, e vazio, quero dizer, faltando conhecimento acerca das relações com o mundo espiritual, decidi alimentar-me através de uma rotina de estudos, meditações e preces. É a maneira como eu procuro sustentar minha fé e manter o foco no meu desenvolvimento mediúnico para além das comunicações com os meus Guias Espirituais, mas, sobretudo, com bases teóricas através das obras espíritas e acadêmicas, e com vistas ao meu autoconhecimento como indivíduo, entre erros e acertos, dia após dia. Isto nem sempre foi fácil de conseguir!

Quero administrar meus sentimentos de amor e gratidão orientando-os para uma nova maneira de conduzir minha vida, de forma a me sensibilizar cada vez mais com as causas alheias que necessitem de auxílio em oração, deixar minha pele absorver a energia fluídica ante os poros, como um componente essencial ao meu corpo, minha alma e minha essência; assim, buscar equilíbrio entre meus pensamentos e a dimensão espiritual atuando diretamente em comunhão ao meu perispírito, elo de interação com o físico e o espiritual, sendo pois, comunicante de minha armadura material ora enrijecida e sedenta por conhecimento. Que minha aura possa emanar a vibração que meu corpo adquire a cada movimento energético através da meditação e da prece, subsidiada pela força espiritual que meus Guias me emanam a cada instante de ligação em amor e gratidão. Por assim dizer, quero construir meu castelo sólido de amor como reflexo da incessante busca pelos motivos que me fizeram chegar até aqui e que me conduzem com convicção a continuar porque sei que este caminho está apenas começando... Um caminho colorido e substancial ao inflexível castelo de amor, onde minha morada se fará presente nos quatro cantos do Universo, lá, tão distante da matéria, porém, tão próxima do meu pensamento, onde todos os sonhos podem ser realizados como um consolidado de energias que ultrapassam as fronteiras do plano físico alcançando as quimeras do mundo espiritual, meu lar, nosso lar, o lugar onde cada um de nós aspira por chegar.

A força que me sustenta é parte constante da energia recebida dos meus Guias Espirituais. A capacidade de tocar meu coração e encher minha alma de esperança e resiliência a cada pedra lançada em profusão em meu caminho, ainda obscuro por natureza material, mas que compõe um arcabouço de vibrações que me impulsionam a buscar incessantemente o caminho do bem, da harmonia e do amor. Meus Guias, meus amigos espirituais; a força necessária ao meu despertar mediúnico, meu real conforto como instrumento de orientação e vibração energética nas horas sensatas de doação, de transferência e de percepção extrassensorial, fazendo com que meu corpo e meu espírito busquem o aprimoramento da alma.

Quero compartilhar com vocês a forma como meu corpo e pensamento se conectam com meus Guias Espirituais, no sentido de identificar determinada orientação prescrita por eles, a ser desenvolvida por mim em quaisquer atividades cotidianas. Há naturalmente um condicionamento do meu espírito emanado pelos bons fluidos, sendo estes perceptíveis pelo pensamento a fim de congruir com as práticas que me incitem a buscar desenvolvimento espiritual. Como você pode perceber, caro leitor, não há uma fórmula única de comunicação com os Guias Espirituais. Mas, sobretudo, uma preparação que leve o indivíduo ao seu desenvolvimento mediúnico, orientado pelo seu Guia Espiritual, como forma de contribuir com seu progresso. De certo que o despertar para esta comunicação passa, principalmente, por sua conduta e ética moral, sua capacidade de elevar seus pensamentos, quer seja através da meditação, da prece ou da oração e dos estudos orientados para o seu desenvolvimento mediúnico. Desta forma, seu espírito se prepara para o desenvolvimento mediúnico com a colaboração do seu Guia Espiritual, como um intermediário do plano espiritual que o conduzirá por caminhos que elevem sua capacidade de construir, com parcimônia, a sabedoria emancipada da alma visando melhores práticas de interconexão psíquica entre os seres. Este desenvolvimento perpassa pela literatura espiritual, pelo contato intraespiritual e principalmente, conduzido pela sua escolha no despertar pela mediunidade atuante e participativa junto à sociedade a qual você se encontra inserido. Destarte, a caridade é uma grande inspiração! Desta forma, meu caro, seu Guia Espiritual o conduzirá por semeadores caminhos que construam amor, fraternidade e onde sua disciplina seja a prerrogativa para tal comunicação. Não se deve buscar uma comunicação pelo simples contato sobre a vida material e nem sobre quais caminhos seguir adiante senão embasada pela fé, pelo amor e, principalmente, pela caridade. A forma como você vai conduzir sua busca pela efetiva comunicação depende de como você quer receber orientação e compartilhar esta experiência não só para sua evolução e aprimoramento, mas, pautando-se na doação para com o próximo, sendo capaz de perseverar em causa alheia na busca pela legítima harmonia fraternal. É o amor consolidando a ligação espírito e matéria, corpo e alma. Assim, seu Guia Espiritual estará presente e colaborando com seu progresso em todos os sentidos de sua existência.

De acordo com *Kardec* (2006) em *"O Livro dos Médiuns"* qualquer que seja a atividade que você esteja desempenhando aqui no plano físico, você conta sempre com o auxílio intuitivo de um Guia ou Mentor Espiritual que direciona o seu trabalho. (*Silva Jr.*, 2018)

O Guia Espiritual é sua forma de luz e energia capaz de conduzí-lo por estradas mais sólidas e consolidantes ao amor e ao progresso do espírito através do contato perispiritual com a alma em corpo presente. Assim, ele segue uma linha tênue que corrobora com a percepção e figura-se, na maioria das vezes, pelo pensamento espectro intuitivo do corpo em comunhão ao espírito. Sobremaneira é ele o auxiliador de suas manifestações em seus projetos materiais e físicos consoantes de sua existência absoluta em encarnação. Como um elo constitutivo de evolução que se propõe na colaboração do seu desenvolvimento da matéria-espírito, seu Guia Espiritual se destaca como um orientador cuidadoso.

A evolução que se espera que se alcance, seja como missão, prova ou expiação, é recorrente sempre do espírito investido de corpo físico no exato momento de sua encarnação. Não é propósito fulgurante ao Guia Espiritual objetar sobre suas decisões acerca de suas escolhas na vida terrena; ele é um participante "não-ativo" na sua presente exceção de escolha. O principal sujeito orientado à sua evolução é o seu próprio ser dotado de energia cósmica e constante de livre-arbítrio.

O Guia Espiritual é um exímio contextuador psico-espiritual de suas atribuições na vida como orientador de melhores condições e práticas que visam a culminar com o sentido de sua evolução. É constituído como um elemento fluídico, dotado de energia que transcorre em auxílio de seu protegido, como um verdadeiro "amigo oculto" em extrema sintonia fraternal ao seu caminho de luz e de desenvolvimento ora a ser alcançado; o mais importante a ser compreendido sob esta influência do Guia Espiritual acerca de seus impulsos ou energias captados é que a vibração que se busca transferir depende diretamente do canal de absorção a ser dado como escolha.

Dito isto, meu querido, o seu Guia Espiritual encontra-se sempre presente. Sua presença é legítima e reconhecida como elo espiritual de condução da sua vida a partir de seu nascimento até a hora de seu desencarne. Não obstante a este fato, percorre também por determinado período circunscrito em sua essência caso haja a necessidade de continuidade por missão ou causa alhures à sua constituição.

O meu Guia Espiritual é o meu mentor do mundo espiritual, em essência e luz. Ele guia-me por esta existência em comunhão com Protetores Espirituais que ora se comunicam como constante do trabalho que realizamos em conjunto. Quero dizer que cabe a sua forma de compreender sua existência e seguir adiante na busca pela melhoria espiritual, incitado pela moral e valores essenciais à humanidade e seu desenvolvimento.

Condiciono minha essência ao meu lado instintivo do espírito como médium em constante aprendizado e evolução. A busca que pretendo realizar através deste livro inicia-se pela transformação interna que venho percorrendo ao longo destes meus últimos anos próximos em desenvolvimento e estudo mediúnico. Considero a presença constante dos meus Guias Espirituais como uma companhia essencial ao meu aprimoramento, dando-me subsídios extrassensoriais e facultando ao meu consciente coletivo as escolhas que me impulsionaram até aqui.

Meus Guias Espirituais são os melhores amigos que construí durante minha caminhada. Isto não quer dizer que a minha dedicação consoante ao meu amor para com eles não me fizera sofrer por cada plantação mal semeada. Sempre deixei claro, meu caro, que a sua colheita vai ser consoante ao seu semear. Mas como saber o que melhor plantar quando você não percorreu por solos distintos em natureza verdejante? Há uma couraça que suplanta a harmonia da colheita chamada "encontro". Os encontros, todos constantes de relações sociais ou espirituais, afetivas ou não, são o enlace fundamental para o que se deseja semear em um futuro qualquer. Há de se ferir com a exatidão das certezas do ego, com as paixões indistintas do corpo e com a mácula fecunda do desamor.

Após estas passagens na vida de cada um de nós, e na minha em particular, aprender semear amor para o cultivo de sementes mais férteis essencialmente nos levará a colher felicidade e aprendizado constante. Este novo caminho alcançado até então tem sido coordenado pela coesão de minhas escolhas sob a orientação de meus Guias Espirituais.

Portanto, meu caro, as pedras que se fizerem presentes em seu caminho, não as desperdice, use-as para construir um castelo sólido com a base prescrita pelo sofrimento, compaixão e amor. Os dias são melhores aproveitados quando nos percebemos constantemente em evolução e utilizamos como instrumentos deste desenvolvimento a observação, a sabedoria e o perdão. Amanhã será o novo hoje em construção auxiliado pelos seus Guias Espirituais na medida em que sua afinidade seja solidária ao aprimoramento moral.

Meus Guias Espirituais estão presentes! Sim... Hoje pela manhã senti o aroma de seus perfumes; ao entardecer pude ouvir as suas vozes; e, durante o sono tranquilo em noite plena, os vi em presença e luz acima de meu coronário concedendo-me em harmonia a energia vibratória necessária ao amanhecer de um novo dia.

Agradeço a cada um dos meus Guias Espirituais; ao meu Mentor Frei Luiz; ao meu Protetor Pai Joaquim; a minha Irmã Maria; e elevo através deles meus singelos, afetuosos e respeitosos agradecimentos a todos que me acompanham nesta jornada.

A luz que irradia de suas comunicações, queridos Guias Espirituais, me aquece com o vigor suficiente ao enlace espiritual como ensejo ao meu caminho de evolução. Rendo-me aos estudos e ao constante questionamento sobre a existência como molas que punham meu coração e irradiam a força energética capaz de consolidar minha fé em Deus, no caminho do bem e na orientação espiritual que recebo.

Minha convicção acerca da relação existente entre mim e meus Guias Espirituais me denota compreender que hoje estamos mais próximos em energia, e que cada instante fluídico dispensado em nossos trabalhos nos leva ao caminho condutor da nossa existência, minha essência e suas essências compartilhadas.

Dedico este livro aos que têm caro o coração, que vislumbram a beleza da natureza respeitando-a como parte significativa de sua existência, que consolidam o amor como sentimento em constante aprimoramento e evolução, e, principalmente, aos que buscam a comunicação com o mundo espiritual através de seus Guias Espirituais. Ao "senhor de cabelos grisalhos" pela colaboração no desenvolvimento da minha mediunidade. E, em especial, a *"senhora que me introduziu no Espiritismo aos 16 anos de idade"*; um abraço fraterno e minha gratidão onde quer que a senhora esteja do outro lado da vida. Muito obrigada, minha irmã!

SOBRE A AUTORA

Nasceu em Bom Jesus do Itabapoana/ RJ. Filha e neta de escritores, Bárbara cresceu em quintal literário, onde descobriu o gosto pela literatura através de sua mãe, Maria Izabel Monteiro, jornalista e escritora. Herdou o talento com as palavras de seu saudoso avô, Athos Fernandes Monteiro, grande poeta, escritor e jornalista. Mãe de Luíza e Gabriel e esposa de Alberto Lobo.

Investiu grande parte do seu tempo em estudos acadêmicos e pesquisas científicas chegando a conquistar os Títulos de PhD, Pós-Doutora e Doutora em Ciências da Educação.

Iniciou suas atividades como autora com trabalhos de pesquisa em 2004 através da publicação do artigo científico "Educação Ambiental - Perspectivas e Oportunidades para o Desenvolvimento Sustentável da APA do Sana", apresentado nos Congressos: "II WEEC, World Environmental Education Congress, Rio de Janeiro" e "CADMA – 1º Congresso Acadêmico sobre Meio Ambiente e Desenvolvimento do Rio de Janeiro". Nos anos seguintes publicou dezenas de outros artigos.

Residindo nos Estados Unidos desde 2016, vem investindo em sua formação literária publicando, pela Editora Autografia, os livros:

- "A Salvaguarda da Vida Humana no Mar: A importância da Capacitação em Segurança Industrial nas Atividades Offshore – Um Estudo de Caso do Curso Básico de Segurança de Plataforma";

- "Ambiente Econômico e Aprendizagem" (coautoria com Paulo Amorim, Severino Neto e Ana Paula Barros).

O livro mais esperado por ela é este! "Converse com seus Guias Espirituais", em inglês "Talk to your Spiritual Guides", com o objetivo de sensibilizar sobre a importância da companhia do seu Guia Espiritual na colaboração com seu desenvolvimento físico e espiritual. Como você pode acessar seu Guia Espiritual? Venha descobrir...

REFERÊNCIAS

KARDEC, Allan. **A Gênese: os Milagres e as Predições Segundo o Espiritismo.** Rio de Janeiro: FEB – 50. ed., 2006.

_____. **O Evangelho Segundo o Espiritismo.** Rio de Janeiro: FEB – 125. ed., 2006.

_____. **O Livro dos Espíritos.** Rio de Janeiro: FEB – 87. ed., 2006.

_____. **O Livro dos Médiuns.** Rio de Janeiro: FEB – 78. ed., 2006.

SILVA JR., João Fernandes da. **Espaço, Tempo e Espírito – Espiritismo e Física Quântica.** Middletown, DE, USA, 2018.

TEIXEIRA JR., Jaime. **A Era do Raciocínio Quântico.** Lexington, KY - USA, 2015.

XAVIER, Francisco Cândido (1982). **Reformador.** Rio de Janeiro: FEB, 2016.

www.ingramcontent.com/pod-product-compliance
Lightning Source LLC
Chambersburg PA
CBHW021127020426
42331CB00005B/661